U0532261

第三版

给教师的 101 条建议

101 Answers for New Teachers and Their Mentors

［美］安奈特·L·布鲁肖（Annette L. Breaux） 著

中国青年出版社
CHINA YOUTH PRESS

图书在版编目(CIP)数据

给教师的101条建议 /（美）安奈特·L·布鲁肖著；方雅婕，赵娜，麦丽斯译.
—3版. —北京：中国青年出版社，2016.6
ISBN 978-7-5153-4266-5

Ⅰ.①给… Ⅱ.①安… ②方… ③赵… ④麦… Ⅲ.中小学–教师–职业道德
Ⅳ.①G635.16

中国版本图书馆CIP数据核字（2016）第148415号

101 Answers for New Teachers and Their Mentors: effective teaching tips for daily classroom use (Third edition) / by Annette Breaux / ISBN: 9781138856141
Copyright © 2015 Taylor & Francis
Authorized translation from English language edition published by Routledge, part of Taylor & Francis Group LLC.
Simplified Chinese translation copyright © 2016 by China Youth Press.
All rights reserved.
Copies of this book sold without a Taylor & Francis sticker on the cover are unauthorized and illegal.
本书中文简体翻译版授权由中国青年出版社独家出版并在限在中国大陆地区销售。未经出版者书面许可，不得以任何方式复制或发行本书的任何部分。
本书封面贴有Taylor & Francis公司防伪标签，无标签者不得销售。

给教师的101条建议

作　　者：	〔美〕安奈特·L·布鲁肖
译　　者：	方雅婕　赵　娜　麦丽斯
责任编辑：	周　红　麦丽斯
美术编辑：	夏　蕊　李　甦
出　　版：	中国青年出版社
发　　行：	北京中青文化传媒有限公司
电　　话：	010-65516873/65518035
公司网址：	www.cyb.com.cn
购书网址：	zqwts.tmall.com
印　　刷：	大厂回族自治县益利印刷有限公司
版　　次：	2007年3月第1版 2016年6月第3版
印　　次：	2020年10月第6次印刷
开　　本：	787×1092　1/16
字　　数：	175千字
印　　张：	15
京权图字：	01-2015-4008
书　　号：	ISBN 978-7-5153-4266-5
定　　价：	33.00元

版权声明

未经出版人事先书面许可，对本出版物的任何部分不得以任何方式或途径复制或传播，包括但不限于复印、录制、录音，或通过任何数据库、在线信息、数字化产品或可检索的系统。

中青版图书，版权所有，盗版必究

目 录

作者的话　/ 009
前　言　/ 011

第1章　课堂管理 …………………………………………… 015

1　成功开始新学年　/ 016
2　优先进行班级管理　/ 018
3　任何事情都要按章程办　/ 020
4　有效的纪律体系可以预防学生的违规行为　/ 022
5　贯彻"你还好吧"策略　/ 023
6　每天都问候学生　/ 024
7　学会忽略　/ 026
8　私下处理学生的不当行为　/ 027
9　独立处理纪律问题　/ 028
10　善于"捕捉"学生的积极举动　/ 029
11　要有前瞻性　/ 031
12　经常课间休息　/ 033
13　采取"亲近"原则　/ 035
14　不要挑起学生的攻击欲　/ 037
15　避免"空白"时间　/ 039
16　让学生安心　/ 041

17 提供系统的"即时作业" / 043

18 不要和学生"角力" / 045

19 惩罚要适当 / 047

20 对事不对人 / 049

21 私底下的练习课 / 051

22 每天都是一个新的开始 / 053

第2章　教学规划 ———————————————— 057

23 合理利用时间 / 058

24 要明白教学工作的艰难 / 060

25 不要无故延迟 / 062

26 精心备课 / 064

27 精心准备，井井有条 / 066

28 保持精确的记录 / 068

29 每一堂课都要有明确的教学目的 / 071

30 为代课老师制订计划 / 073

第3章　授课指导 ———————————————— 077

31 及时改正错误 / 078

32 要因材施教 / 080

33 观摩其他老师的课 / 082

34 切忌只讲不练 / 084

35 切忌照本宣科 / 086

36 传授社交礼仪 / 088

37 关注学生的优点 / 090

38 允许和鼓励学生互相帮助，一起学习 / 092

39　将课堂内容与现实生活相联系　/ 094

40　在课堂上高效地运用科技手段　/ 096

41　作业不要过量　/ 098

42　给学生做示范　/ 100

43　寓教于乐　/ 102

44　鼓励学生积极参与课堂活动　/ 104

45　让学生独立思考　/ 106

46　评估方式要合理有效　/ 108

47　教学手段要多样化　/ 109

48　一切教学以学生的最大利益为重　/ 111

49　从讲桌后面走出来　/ 113

第4章　职业精神：优秀教师的态度和行为 ……………… 117

50　维护良好的声誉　/ 118

51　跳出互相指责的怪圈　/ 119

52　控制自己的反应　/ 121

53　不要被态度消极的同事影响　/ 123

54　学会高效地跟家长合作　/ 125

55　积极参与学校活动　/ 127

56　正确地使用社交网络　/ 129

57　不要传播流言蜚语　/ 131

58　寻求帮助　/ 132

59　把事情做到最好　/ 134

60　设立目标　/ 135

61　学会随机应变　/ 137

62　敢于提问　/ 139

63　着装要规范　/ 141

64 设计一张教师成绩单 / 143
65 要以身作则 / 145
66 与管理层良好合作 / 146
67 不要带着怒气行事 / 147
68 不要把私人问题带到课堂上 / 149
69 关注力所能及的事情 / 150
70 不断取得职业上的进步 / 152

第5章 积极与和谐：构建成功的师生关系 ……………… 157

71 每个学生都是一个独特的个体 / 156
72 点燃学生心中的火花 / 158
73 保持微笑 / 159
74 给学生比实际情况稍高一点的评价 / 161
75 让每个学生都成为你的"最爱" / 162
76 搭建成功的舞台 / 164
77 给予积极的反馈 / 166
78 学会心理"战术" / 168
79 关注课堂上积极的事情 / 170
80 展示学生作品 / 172
81 给予学生积极的期望 / 174
82 了解每一个学生 / 176
83 不求完美，只求进步 / 178
84 切忌冷嘲热讽 / 180
85 对待学生要"人性化" / 182
86 使用第一人称指自己 / 183
87 小事不小 / 185
88 答错题的学生也需要尊严 / 187

89　切忌"唠唠叨叨" / 189

90　与学生一起欢笑 / 190

91　做一个乐观向上的人 / 191

92　经常向学生表示感谢 / 193

第6章　影响力：永不消散的教师魅力 …………… 197

93　认识你的影响力 / 198

94　记住你"最喜欢的老师" / 199

95　记住你"最不喜欢的老师" / 201

96　一生的激励 / 203

97　建立一个"我与众不同"文件夹 / 204

98　不要忘记当初为什么选择当老师 / 206

99　让学生知道失败是学习的良机 / 208

100　不要放弃任何一个孩子 / 210

101　乐观地教学 / 211

第7章　新增的7条建议 ………………………………… 215

102　受家长喜爱的高效能教师的7个特点 / 216

103　深受学生喜爱的高效能教师的7个特点 / 218

104　受校长喜爱的高效能教师的7个特点 / 220

105　高效能教师每天都会做的7件事 / 222

106　高效能教师不会做的7件事 / 224

107　高效能教师热爱教学的7件事 / 226

108　未来想成为高效能教师要做的7件事 / 228

结　语 / 231

作者的话

刚刚加入教师队伍时,我就希望有这样一本教师指导用书,原因如下:

- 从选择教师这个职业的第一天起,如果想在教学方面取得成功,你最需要的是支持。
- 尽管许多新教师接受过学校和地区培训,但还是有一些教师并未从中受益,我希望此书能给新教师提供支持。
- 许多指导教师只接受过一次培训之后就再没有后续培训了。实际上,指导教师接受的培训越多,他们给新教师的指导才能越多,然而指导教师也只能是一个人、一间教室,因此仅仅靠指导教师一个人无法对新教师的成功负责。
- 作为教育工作者,我们有时过高估计新教师掌控课堂的能力。
- 新教师希望自己能了解更多,但他们却愧于向别人寻求帮助,怕别人认为他们无能。
- 任何教师都可以用一些简单的方法和基本的教学策略提高自己的教学能力,新教师从他们执教第一天就应该知道这些方法和策略。

这些就是我写这本书的动机所在。

本书没有高深的科学理论,有的只是应对复杂挑战时我给大家的简单回答、帮助新教师成为优秀教师以及普通指导教师升级为优秀指导教师的小贴士。如果你既不是一名新教师，也不是一名指导教师，你也可以继续读下去，你会发现这本书中的策略无论是对小学教师、初中教师还是高中教师都不无裨益。

在本书中，我还将与你分享我对孩子的爱、对教学的爱、教师对生命的信念以及我的认识——每个孩子都是独一无二的。每个学生都应该拥有一个有能力、有爱心的老师，孩子是我们的未来，作为教师，我们每天都在雕琢着未来。

前 言

你爱孩子吗？你想让他们的生命多姿多彩吗？你想给那些幼小的生命积极的影响吗？答案是肯定的。为此，你选择了教师这个职业。无论你是一位刚刚加入教师队伍的新兵，还是一位久经沙场的老将，你都已经选择了世界上最伟大的一种职业：教师。教书育人是一门要求很高的艺术，它需要我们耐心细致、身心投入、勇于奉献，拥有无私的爱心、非凡的个人魅力、自信且超群的能力。选择了教师这份工作，就意味着从此你将影响到每一个学生的成长。

给新教师：

新手上路，你的内心一定有一种强烈的成功欲，期望着自己能够启发、感动另一些生命，也期望这些生命能够从此与众不同。但是，你们中的很多人却没有接受足够的培训，无法让你们在走上工作岗位的第一天就有一个成功的开始，当然，这不是你们的责任。岗前培训结构严谨，系统有序，目标就是为新教师工作伊始提供必要的指导，这种指导将一直持续到他们工作之后的两三年。老教师的指导是岗前培训一个重要的组成部分，所以如果你还没有指导教师，就赶快自己去找一个。每一个学区都有很多能力强、胜任工作且热心的老教师，他们随时都愿意与新手分享自己的宝贵经验。不要奢求，也没有人要求你在一天之内就无所不知，无所不晓，你需要慢慢地成熟。当然，即使有了指导教师，他们也不可能传授给你一名新教师所需的全部知识和经验，但是毫无疑问，职业生涯开始之初，他们的指导是无比宝贵的。

去吧，找一位积极、热心、优秀的老教师做你的顾问，虚心向他求助，只有这样，你才能在生平第一次走进教室时，获得自己想要的成功。

记住，你的职责是帮助别人塑造未来，你的影响将是永久且深远的。你是一名教师！——你的肩头承担着多么高尚、多么令人肃然起敬的责任！这一点，要永远铭记在心。

给老教师：

能够有幸成为一名新教师的指导教师，你应该感到自豪和荣耀。因为这就意味着自己在课堂教学和领导能力方面的才华已经在一定范围内获得了别人的认可。我希望你已经接受过很好的技巧培训，如果还没有，赶紧行动吧，毕竟做指导者和亲自上课是完全不同的两码事，它同样要求相当系统的培训才能够胜任。

作为一名指导者，你同时还要扮演老师、朋友、向导、教练以及榜样的多重角色。不仅要善于帮助、鼓励新教师，乐意倾听他们的心声，提供建设性的建议和反馈意见以利于他们不断地提高，还要拥有突出的职业能力，精于规划，善于管理；你还需要对孩子和教育事业怀有无比的热忱，能够快速有效地传授自己摸索到的沟通技巧、指导技巧以及会谈技巧。你的职责就是与新教师共享自己的知识、技巧、信息和彼此的心声；定期与他们会面、细致地观察他们的进展，亲自上示范课，并帮助他们更快更好地熟悉学校的政策、办事程序、校园文化，并积极投身于学校组织的各种职业技能提高活动。更为重要的是，你需要善解人意、乐于助人、人品可靠、胸怀宽广、知识渊博、勇于革新、甘于奉献，还得具有同情心。

听起来是不是太难了？放心吧，所有辛苦的付出都将得到百倍的回馈，因为你所做的一切，都会积极、切实地影响到你辅导过的每一位新教师，而他们，又会将你的影响传递到每一个走进他们课堂的学生身上。

再次向你荣幸地成为一名新教师指导者表示祝贺，也真诚地感谢你接受了这项伟大的使命——谢谢你！

新老教师所面临的共同问题：

毫无疑问，新教师们在课堂上遭遇的问题不一样，但也有一些较为普遍的问题。事实上，就算是经验丰富的老教师，也会时不时地受到这些问题的困扰。比如，如何进行课堂综合管理？如何掌控课堂纪律？如何与"刺头"学生相处？如何与同事相处？如何合理安排时间？面对一些突发问题或难堪的局面，如何保持镇定并迅速找到解决方法？如何得当地运用教学技巧，因材施教，最大程度激发学生的创造性思维？等等。

本书的宗旨就是帮助教师们有效地解决这些问题。书中没有什么时尚、新潮的词语，也没有什么最新的教育革新理念。它呈现的是经实践证明的，行之有效的实用技巧和建议。只要你愿意尝试，必定会受益匪浅，教与学的能力将同时得到巨大的提高。如何成为一名优秀的教师？机会就在眼前，当你翻开这本书开始阅读的时候，它已经在向你招手！

如何使用本书？

本书可一书多用。它的主要目的是促进老教师与新教师之间的探讨，同时为新教师的自我提高提供一些有益的想法和实用的技巧。这些想法和技巧是普遍适用的，自然也适用于任何一位寻求自我提高和突破的教师。书中的建议简单易学，易于实践，必将使教师和学生双方都受益。因此，如果你是一位期望有效管理课堂的新教师，你就可以借鉴一下这部分的内容；如果你是一名希望进一步提高自身技巧，以便为新教师树立榜样的老教师，相关部分的阅读也必然会给你有益的启示。请放心地采纳那些你需要的建议，不过，无论是什么身份，如果你想全方位提高自己的能力，最好全盘采纳书中的建议，并将所有的技巧都付诸实践，只有这样，你才能获得整体的提高，实现成功的梦想。

无论如何，打开这本书开始阅读的时候，你已经是一位全身心投入教育、希望为学生们的改变奉献自己心血的好老师了。坚持读下去，这本书将为你铺平道路，引领你一步步实现梦想！

第 1 章

课堂管理

如何管理课堂

你该如何管理课堂？是不是真像造火箭那么难？
有人告诉我控制学生各种各样违反纪律的行为真的很难。
哦，管理课堂是教师的工作之一，那么教师对此又如何期盼？
你可知道，教师的所作所为影响百般。
学生作何反应？他们如何为之？
在优秀的教室管理中，学生才能表现良好，这是事实。
所以制定清晰的规则和程序，然后让别人知道你想让事情如何发展。
接下来衡量它们的重要性，持之以恒是必然。
坚持你对待每个人的方法，坚持为你的授课内容做准备。
无论经历哪些挫折，请坚持你的职业特点。
坚持以身作则、说到做到。
坚持让学生认为他们每天都有所不同。
坚持拒绝放弃任何人。
坚持帮助学生，让他们有信心完成任务。
坚持良好的态度，因为态度决定一切。
坚持让自己成为学生心中的精神领袖。
坚持帮助学生认识到他们可以是成功的人。
的确，坚持是课堂管理的钥匙。
坚持并不困难，你需要做的就是坚持你的坚持。
如此，违反纪律将只会是永久的记忆。

建议 1

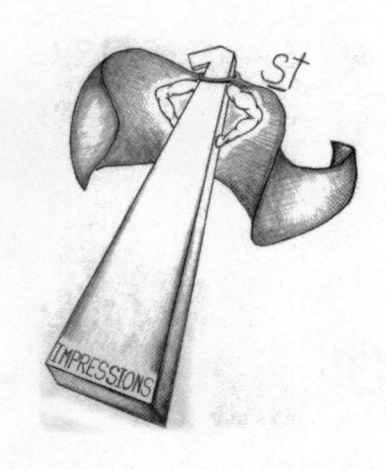

第一印象很难改变，因此请注意你的着装表达着你的态度。

成功开始新学年

没有人不懂得"第一印象"的重要性。开学第一天定下的基调将会影响你以后全部的学校生活。通常，开学第一天老师们就会迫不及待地开始讲授教学内容，这是一个错误的举措。其实第一天最重要的事，是让学生来认识你，同时你也来认识他们——与众不同的每一个个体，让他们认识到你可以帮助他们获得成功。如果已经参加过岗前培训，第一天该怎样安排你自然心中有数；如果没有的话，请教其他老教师，然后再制订一个详细的计划。第一天的工作安排，应该是极其详尽且条理清晰的（具体步骤参照建议4）。

想要获得一个良好的开端，必须做到以下各点：

◆ 在教室门口亲切地向学生致以问候，欢迎他们的到来；

◆ 充分准备，井井有条，精心备课，精确到每一分钟的内容（结构严谨是关键）；

◆ 准备一张标注明确的座位表，以免在安排学生座位时出错；

◆ 准备一些有趣的内容，确保学生一进教室就有事可做——比如逐个了解一下他们的兴趣；

◆ 保持镇定、快乐、积极的心态；

◆ 告诉学生你对他们的期望，你能帮他们做到什么，以及他们能从整个班级生活中得到什么；

◆ 与他们分享你对教育事业的热忱，告诉他们你非常高兴他们成为自己班级里的一员；

◆ 表达你对他们每个人都有美好未来的坚定信念。

如果你想积极地开展教学，就不要只是讲授课本中的内容，而应该讲到学生的心里去。首先让学生信任你，你应该很重视这一点，然后你的教学就可以带着他们遨游四方。

延展阅读

《如何成为高效能教师》

高效能老师在第一天就能很好地掌控大局，组织安排课堂教学进程，使学生明白自己该做什么，怎样取得成功。在开学的第一周里，最重要的事是建立教学的一致性和连贯性。

建议 2

没有规章与秩序，课堂会经常乱作一团；一旦规章和秩序确立，教室中将充满学习的氛围和学生们的欢声笑语。

优先进行班级管理

　　向乘校车上学的学生提这样一个问题："今天早上乘车的时候，有没有留意校车的轮胎？"绝大部分学生会回答没有注意。再问一个问题："如果今天早上上车的时候，校车的轮胎不见了，你们会不会注意到？"同样地，绝大部分学生会说这次当然会注意到。现在让我们把这个场景与课堂管理联系起来：课堂管理就如同校车上的那些轮胎。管理得当，课堂井井有条，那么有谁会注意到管理本身呢？（当然，老师本人除外，因为正是他为课堂管理投入了大量的精力和心血。）但是，如果课堂管理不善，你一眼就会注意到出了问题。没有轮胎校车跑不起来，没有管理，课堂教学就无法进行。如果校车的轮胎始终安装不上，学生就没法到学校上课；同理，如果没有好的课堂管理，学习自然也就无从谈起。

　　与传统观点不同，我们认为，纪律并不是课堂上的首要问题。纪律问题的根源在于缺乏井井有条、严格恪守的规章和秩序。课堂管理包括为保证正常教学所做的全部工作，优秀的教师深谙此道。第一堂课，他们就明白无误地告诉学生该遵守怎样的规章和秩序，以及自己对他们的期望。如果你想尽可能避免或根本就不想为学生的纪律问题而发愁的话，就不要另走他路，忠实地将最优秀的老师曾经用过的那些行之有效的管理技巧付诸实践。哈利·黄和露丝玛丽·黄合著的《开学的第一天》一书，可以为你提供一些实用、容易的课堂管理技巧。

如果学生们在良好的氛围中学习，一切学生问题将迎刃而解，随之而来的是学生的朗朗读书声和课余时间的欢声笑语，所以确立规章和制度对课堂管理来说十分重要，也十分必要。

延展阅读

《彻底走出教学误区：
开启轻松智能课堂管理的45个方法》

美国最受欢迎教师的知名专业博客"智能课堂管理"精髓结集，平均每日有数千名美国教师阅读此博客。

建议 3

我们应该在哪些事情上制定章程呢？任何事情。

任何事情都要按章程办

有些活动可以激发人无穷的创造力，其他的则不行。比如汽车设计允许有多种不同的设计方案，汽车装配就不行。课堂管理也是如此。为了成功有效地管理一个班级，必须建立一套明确、严格的章程，任何事都必须按照这套章程来做。假设有三十个学生，如果没人告诉他们该怎样去做一件事，那么他们每个人都可以找到无数的方法来完成任务，其中必然有很多方法是行不通的。不难看出，三十个学生各自采取自己的方法来完成同一个任务，采用的方法可能会数不胜数。如果我们是在教学生如何进行思考，这个结果相当不错；但是，如果我们是在教他们如何做到举止端正，这可就太糟糕了。那么，课堂上哪些活动要求固定的章程呢？答案是：任何一种无法激发人们创造力的活动都必须有固定的章程。比如，学生走入教室，削铅笔，交作业，加入小组或走进食堂时，都无需什么"创造性的"方式。作为一个课堂的管理者，你的责任就是建立一套固定的章程，以确保课堂教学的顺利进行。请告诉学生你对他们的期望，希望他们如何行事，与他们一起来实践这套章程，并在实践中不断将其强化。

下面这些事情均需要按章办事：

◆ 出入教室；

◆ 递交试卷；

◆ 课堂上说话应得到允许；

◆ 来到教室后书包的放置；

◆ 问老师问题；

◆ 学生小组合作；

◆ 如果你已经完成老师布置的任务而其他学生还没有完成，你应该知道自己接下来做什么；

◆ 交家庭作业。

告诉你的学生你对他们的期望，告诉他们你希望他们如何完成你布置的任务，与他们一起践行你制定的章程并坚决执行。践行章程并不仅仅适合小学生，试想一下职业足球运动员，尽管他们每天重复着同样的章程，但是他们依旧每天继续重复着，你可以把这样的重复当成是为那些即将忘记章程的学生提醒，如果你不坚持下去，学生们会懈怠下来并最终控制课堂的教学步骤，那时你就被动了。所以你可以随时随地让学生们重复章程、按章办事，这需要你的毅力，但不管怎样，不要让学生看到你不想坚持按章办事。

当学生背离了约定的章程时，要督促他们练习、练习、再练习。

延展阅读

《智能课堂设计清单》

一本浓缩班级管理精髓的教育百科——教室布置范例、考勤清单、学生激励机制、致家长信、测验评分表、职业规划表——成百上千个有价值的想法供您所用！

建议 4

如果课堂像一个排演得非常好的合唱团，那么谁也不会对举止不端这些让人窝火的事情感兴趣。

有效的纪律体系可以预防学生的违规行为

人们常把"纪律"和"课堂管理"混为一谈，纪律的确重要，但它仅仅是课堂管理的一部分。课堂上必须有一个纪律体系，即一套规章制度，一旦学生违反了其中的某一条，就必须接受相应的处理。这个处理结果并不是老师在学生违反纪律时临时决定的，相反，它受到的恰恰是最初制定的纪律体系的约束。

规章制度的目的是设定限度，维护秩序，同时为其他人提供保护。道路上有限速，一旦超速行驶，后果轻则罚单，重则车祸，这个后果是可以预知的，司机们对于超速的后果有着相当清醒的认识。学生们也一样，必须要清楚违反课堂纪律需要承担的后果。因此，必须制订一个纪律体系，并严格恪守，贯彻始终。

制订方案的时候，请注意那些优秀的教师采取了什么手段来保证课堂的一丝不苟，井然有序。他们成功的关键，并不在于学生违反纪律后如何具体地惩戒他们，相反，他们的秘诀在于预防，严格的课堂管理方案、亲切的态度和时时掌控的主动权可以有效地预防学生可能的不规矩行为。最简单不过的道理是，在一个管理得当、制度严明的环境中，纪律问题极少发生。

积极地进行课堂管理，纪律便不再是什么难题。

如果教师真正关注学生的成长，学生往往品行端正，行为得体，他们也会学到更多知识！

贯彻"你还好吧"策略

"你还好吧"策略的一个简单的前提是，如果孩子们相信你真的关心他们，他们就表现得很乖。我们来看看这个策略是怎么起作用的：如果有学生在课堂上捣乱，比如捉弄同学，喋喋不休，不做作业等等，只要把他/她带出教室问一句："你还好吧？"记住，表情要真诚，切忌恼怒。通常情况下，学生会回答，"是，还好。"但眼神里却难免会有一丝不信任。那么你可以接着跟他/她讲，"哦，我这么问你，只是因为今天你的表现有些不太对劲，不太像平常的你。"（当然，这么说可能不符合事实——他的行为实际上已经很过火了。）然后再告诉他/她，"我想你一定是遇到了什么不开心的事，所以才会这么做，对不对？所以我想知道你是不是有事，如果真有什么事，不妨讲给我听啊。"就是这样，下一步你就可以回教室，接着上课。猜猜看，结果会怎样？他/她再也不捣乱了！而你则一举多得——既向这位学生指出了他/她的行为不妥当，同时又照顾了他/她的自尊心，而且你的所作所为完全是出于对学生的关心，而不是恼怒和怨气。此外，你还恰当地表达了自己的关切。难道这还不够吗？

有个学生曾经问他的老师说："我知道您很照顾我，我会努力的，请拭目以待，我不会让你失望的。"

建议 9

当你的面部表情告诉学生"见到你们我很开心",学生会欣然接受你,接受你传授给他们的知识。

每天都问候学生

当你走进超市购物时,你会遇到你并不认识的导购人员同你打招呼,这是他们的工作——欢迎每一个走进超市的顾客。走进百货商场的时候,有乐于给你提供帮助的售货员向你问候;走上飞机的时候,有空中小姐向你表示问候和欢迎;走进饭店的时候,有殷勤的侍者向你问候,为你提供周到的服务。为什么这些场所愿意投入那么多的金钱、时间和心血来让每一位顾客一进来就感到亲切和受欢迎呢?原因就在于人们都喜欢那些欢迎他们,让他们感到与众不同的地方,同时能够做出积极的回应,教室也不例外。但是通常情况下,我们的教师不会站在教室门口给学生一个微笑,向他们表示欢迎。每天不问候学生也是一个非常大的错误。

我曾与一个消极的教师共事过,她真心诚意地想成为一位积极的教师,我建议她每天站在走廊里欢迎学生来学校上课,我坐在教室里观察学生们的反应,学生们走进教室时面带惊奇,高潮是一个学生站在同学们面前对大家说:"今天,老师给了我们一个惊喜,她看起来很高兴。"学生们的反应不足为奇,如果你没有每天迎接学生们上课的习惯,学生们一定会惊奇于你的第一次尝试,坚持下去,学生们会看到一个每天迎接他们上学的新老师。

每天在走进教室时受到问候的学生，上课时也最容易"买你的账"。一个小小的微笑，一声真诚的"欢迎"，会为你与学生一整天融洽的相处开一个好头；轻轻地握一下手，说一声"你好"，能让你轻松赢取学生的信任和尊敬。学生们喜欢那些欢迎他们的地方，而且，只有在积极健康的环境里他们才能取得成功。

想让他们成为快乐、成功的学生吗？那么，别忘了说上一声："嘿，你好！"

延展阅读

《优秀班主任的50条建议》

一个老师如果能够接纳几个优秀的、可爱的孩子是非常简单的，但如果用心地去像对待家人一样接纳每一个孩子，就不是那么容易了。在教学工作中，除了用心制造惊喜为学生带来家的感觉，还特别要求自己用心接纳每一个孩子。

如果教师只是盯着那几个调皮捣蛋的学生不放,那么整个班级会慢慢变得一团糟。

学会忽略

　　人无完人,孩子也一样。总是希求学生有完美表现的老师是极端不现实的,得到的也只能是无尽的失望。如果你希望上课时孩子们从不交头接耳,那你就是不现实的。如果他们之间偶尔的"嘀咕"基本不影响上课,那么就忽略它,这没什么大不了的。当然,如果很多学生都叽叽喳喳,影响课堂任务的完成,你就必须予以制止。孩子们总是会讲话,会犯错误,偶尔也会捣捣乱,为什么?就因为他们还是孩子。聪明的老师明白,如果总是揪住学生的一点点小毛病不放,一天下来除了发脾气,真正用在教学上的时间聊胜于无。

　　有能力的教师并不在乎他们的课堂上有如下行为:学生用铅笔轻敲课桌,两个学生间无声的笑,学生偶尔说悄悄话,学生去课桌里寻找物品,学生短时间的注意力不集中。

　　至于到底哪些是可以忽略,哪些是不可以忽略的问题,我们还没有一个明确的规定,但如下这个小方法一定可以帮你不论在什么情况下,都高枕无忧:

　　一杯常理,几勺耐心、宽容、恒心,积极的期望和向上的态度,再浇上满心的爱,烘焙一学年后服用。

私下里批评学生要比大庭广众之下批评学生的效果好很多倍。

私下处理学生的不当行为

　　我把它称为"教职工会议法则"，具体含义如下：如果在学校的教职工会议上别人说的某些话或做的某些事令你感到难堪，那就不要将这些话或这些事运用到学生身上。这是一个极好的衡量标准。在教职工会议上，教师置身于同辈人中间，自然不愿意被另眼相看，当众被批评时也感到格外难堪。同理，在教室里，学生也置身于同辈人中间，他们也会有一样的心理感受。想想看，被校长不客气地当众点名批评时，你会有怎样的感受？大多数老师会感到丢尽了脸。再如，校长当众宣布每一位老师的听课结果，你又会有怎样的感受？这些都应该是私下交谈的事情。实际上，每位老师都拥有一间自己的"私人办公室"，它就在教室外远离全班同学的地方。虽然我们不可能每一次都完全私密地解决学生的纪律问题，但至少我们可以谨慎行事——你所要做的，不过是在那个犯错的学生身边，俯下身子和他低声讲几句话。记住，公开责骂毫无益处，只会导致学生的逆反情绪，要知道即使是犯了错误，他们也一样期望得到尊敬。只有自尊得到了维护，他们才可能虚心地改正错误。远离其他同学，一对一地进行谈话和指导，你会发现，他们并不是那么地"桀骜不驯"，相反，乖巧听话得很。

　　致老师：您在批评我们时，请慎重，请不要用语言攻击我们；批评我们时，请给我们一个私下的空间。

建议 9

有的教师会把犯错误的学生带到校长办公室交由校长处理，这样做意味着你没有能力处理工作中遇到的挫折。

独立处理纪律问题

据说，90%有纪律问题的孩子来自于10%的教师的课堂上。难道是这10%的老师恰好不幸地遇到了全部的"问题"学生？不太可能。更可能的是，其余90%的老师通常都依靠自己的能力，独立处理遇到的纪律问题。他们知道，学生们尊敬有能力又乐于保持一个健康、积极和安全的学习环境的老师。他们也知道，学生们尊敬那些能够控制局面的老师（注意，这里是"能控制"，而不是"在控制"）。当然，这不是说，优秀的老师从来都不会把违反纪律的学生交给校长，但这种情况少之又少，一旦发生，必然是一些引起上级领导和广大学生关注的大事件。学生上课说话、走神、做怪动作以及互相打闹等等这些常见问题，完全应该由教师来独立解决。

当教师把学生带到校长办公室交由校长处理时，教师把这名学生与其他学生割裂开来，他们所犯的错误也许并不严重，诸如没有按时交作业、听课时精神不集中等等。教师的行为也会让校领导认为他们没有能力管理课堂。此后，学生们会认为他们可以通过违犯课堂纪律的方法控制教师，我相信每个教师都不希望学生这样想。

作为教师，你应该不断提高自己解决问题的能力。

一个小小的赞扬

我在校园里帮了一个小女孩,她摔倒了,擦破了膝盖。

我不过是做了一件所有孩子都会做的事,但老师说,我是她见过的世界上最乖的孩子。

"哦,天哪,原来老师还不了解我。"我暗自叹气。

有时候,我也是个坏小孩,会说脏话,做坏事。也不能每一次都完成作业,还拖到最后一秒进教室。

但老师还是觉得我特别乖,所以只要她在,我就真的很乖,一次又一次。

在她的课上,我比以前更努力。

再也不会慢吞吞,完成作业的速度好快。

她总会一眼就知道我做的每一件好事,"你是与众不同的",她说,真的,现在我也这么认为!

——安奈特·L·布鲁肖

善于"捕捉"学生的积极举动

走上工作岗位之前,我们已经接受过这样的培训:如何发现学生的问题,找出问题的症结所在,并找出相应的对策。事实上,这是每一位优秀的老师都必须掌握的技巧。但是,有谁接受过这样的培训:如何发现学生良好的行为,是什么原因促使了这些行为的发生,又如何进一步培养这些行为?没有多少人。想一想,我们都长着一只"后眼",这只眼在一里外的地方都能发现学生在捣乱。这也是一门必需的技巧。但更重要的技巧是——学会使用这只"后眼"来观察哪个孩子表现得很乖,并对他/她的行为予以鼓励和赞扬。说一声"谢谢你举手"或"感谢大家的合作"，会有意想不到的神奇效果。学生渴望得到我们的关注，也会不遗余力地来争取他们想要的东西。一旦他们意识到乖一点就能得到你的关注，就会自觉自愿地乖起来。注意好行为的老师遇到的课堂纪律问题，要比那些只关注学生淘气行为的老师少得多。所以，留意学生们那些好的行为吧，只要这样做，你就会发现它们无处不在。

如果你想知道怎样是对的，

那么凡事多看好的一面，少看差的一面，

多关注积极的一面，少关注消极的一面，

当学生知道你是那种努力从每个人身上寻找闪光点的人时，

大多数的行为问题都会迎刃而解。

延展阅读

《破解问题学生的行为密码：如何教好
　　焦虑、逆反、孤僻、暴躁、早熟的学生》

美国著名儿童心理学家、儿童行为分析师十余年科学实践，总结出问题学生的行为模式，破译问题学生心理，针对性分析原因，提出切实可行的解决方案。

没有萌芽，就没有花苞
没有尘土，就没有泥淖
没有降落，就没有落地时的砰砰作响
没有创伤，就不必有流血的白白流淌
所以把一些不好的事情消灭在萌芽之春
这样就无需经历泥淖、落地与血的教训

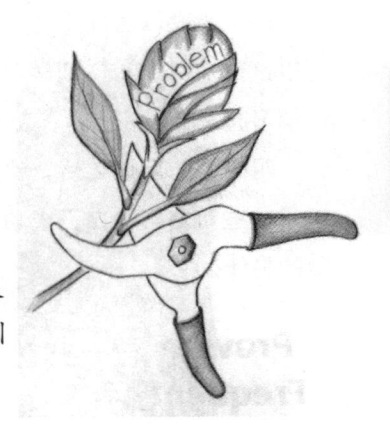

要有前瞻性

　　学生们烦了的时候，会有怎样的表现？伤心的时候，会有怎样的表现？想淘气的时候，又会有怎样的表现？任何一个与孩子们相处很久的人都会轻而易举地找到答案，任何一个能找到答案的人都具有前瞻性。什么叫"具有前瞻性"？不过是能够发现潜在的问题，在它们真正爆发出来之前，就将其扼杀掉。让我们来看一个典型的例子，看看一位老师是如何在事发之前就解决了问题——或者说，预防了问题。有一次，我在一间教室的门口跟一位老师谈话，正说着，老师注意到，特里梅从座位上站起来走向约翰森，试图打他。老师立即看着他说道："特里梅，你是要过去帮约翰森的忙吧，谢谢你。我正在跟布鲁肖老师谈起你呢，刚说你乐于助人，你就证明给我们看了，谢谢你，特里梅，难得你这么善解人意。"特里梅大吃一惊，完全忘了他本来的意图，果然走过去帮助约翰森了。事实上，每一次这位老师都是这么处理潜在问题的，一旦发现，就立刻采取措施打消这个学生的坏主意。她的优点就在于及时将不利的形势扭转为有利的局面。学生们烦了的时候，换一项活动；孩子黯然神伤的时候，悄悄地跟这个学生说几句话，倾听他的苦衷，安慰他；学生想淘气的话，就提问这个孩子，问他一个完全不相关的问题，借以消除潜在的问题。这些方法非常有效，你也可以试试。对了，说到学习，如果遇到一位具有前瞻性的老师，孩子们学习起来就格外努力，表现得也格外规矩。

　　明确你的目标之后，就集中精力、全力以赴地向目标前进，你可以用一些策略帮助自己成功，但不要一切都过去之后才意识到自己想要的是什么。

延展阅读

《如何培训高效能教师》
　　一份超级实用的教师培训指南，35个美国权威教师培训项目的成功秘诀。价值30亿美元的教师培训项目所带来的宝贵经验，告诉你如何有效地培养、支持和保留高效能教师。

你是否曾经注意过：一天的学习结束，学生们走出校门的时候，还有多少郁积的能量需要释放？

经常课间休息

常常听到老师们抱怨会议开得太久，或者是培训了一整天，困得要命。也常常看到与会者们交头接耳，窃窃私语——心不在焉了。为什么会这样？最根本的原因是人的耐力都有限度。忙碌了一天，放学后走出教学楼，每一位老师看上去都相当疲惫。那么为什么学生们看起来却精力充沛呢？是不是因为还有能量没有释放？是不是因为整天都坐在那里？那么，他们会不会因为太累而在不适当的时候不听讲？说话只是为了放松放松？难道学生们在放学的时候不应该感到很累吗？毫无疑问，他们应该感到精疲力竭才对。那么，怎样才能做到这一点？首先，作为老师，我们应该知道学生们上课时在座位上呆多长时间合适。没错，我们必须使他们一直忙个不停，这样他们就没有时间来捣乱或走神。但是，这并不意味着要把全部的课桌都搬出教室，因为有一些课堂活动就需要学生们坐下来参与。优秀的老师知道学生的身体和大脑能够爆发出多大的能量，并充分地加以利用。怎么做呢？学生们一旦已经坐了半小时或更久，就让他们休息一下。最近，听一位老师的课时，我发现他过一会儿就会跟学生这样讲："好，我说'开始'的时候，你们就可以在接下来45秒钟的时间里，站起来，伸伸懒腰，说说话。我说'停'的时候，你们必须马上停下来，坐好，安静。"一个小时的课下来，这样的活动重复进行了三次。学生们好像早已驾轻就熟，活动完成得相当棒。而且，全部的课堂活动进展顺利，有条不紊。下课之后，我向这位老师询问他课间休息的安排。他笑了笑，说道："哦，这个啊。不知道你怎么样，但我自己连连续二十分钟也坐不住。我比学生们年纪大，精力也不如他们，所以在课堂上会经常让他们休息。你可能也看到了，我们休息的时间不长，但却相当有效！站起来活动活动，伸伸懒腰，说说话，让血液循环一下，学生们又会精力充沛，再上课时注意力会更加集中。我需要他们将精力完全集中在课堂内容上。"他接着说即使是在小组活动的时候，也会给学生们一点时间来放松一下。"学生们都很用功，我希望他们每一天都能受到启发和激励；每一天放学之后，都有一点精疲力竭的感觉。如果做不到这一点，我就是失职的。"

延展阅读

《让学生爱上学习的165个课堂游戏》

正是老师们所需要的——提供了大量有趣、简便、快捷、有效的课堂活动，使学生们从上课第一分钟开始就能将注意力集中在课堂之上。这些活动可以提高学生的学习动机，创造一个积极的课堂环境，并且远不止这些。

讲课时，你离学生越远，他们就越不在乎你的授课内容。

建议 13

采取"亲近"原则

如果我问你的学生一个问题：你的老师通常站在哪里？他们回答的结果会怎么样？他们很可能指着很远的位置。如果你的学生确实这么回答，请继续读下去。

"你有没有注意到'问题学生'总是坐在教室的后边？"一次观摩课课前会议上，主讲老师提了这样的一个问题。随后他说："我遇到的课堂纪律问题都发生在教室的后面，无一例外。"听了这个老师的课之后，我发现他讲课时一直都只在前几排走动。知道吗？学生坐的越靠后，就越爱讲话。甚至连我自己坐在教室后面的时候，都控制不住地想参与进去，因为我觉得老师注意不到我。所有的课堂活动都仅仅局限在前几排的学生，后排的学生就会想办法自己找点儿事做。我还注意到，后排学生唯一一次受到关注的时候，是因为他们吵得太厉害而被老师大声地斥责，并且被满怀厌恶地瞪了一眼。下课之后，我问这位老师是否愿意做一个实验，以帮助他缓解这些"问题学生"所引起的困境，他很高兴地答应了。实验的内容就是实施"亲近"原则，我让他在一周的时间内，做到上课时一直在教室里前后走动，前排的和后排的学生都要照顾到。此外，有学生说话或者不听讲的时候，只要轻轻地走近这位同学，而不是瞪他一眼或者斥责他。一周后，再次走入他的课堂时，以前的那个课堂完全变了一个样，尤其令人称奇的是，"问题学生"们再也没有窃窃私语。相反，他们积极地参与到课堂活动中来，而且还热烈地和老师探讨问题。不出我所料，这位老师上课时更加富有激情。下课后他跟我讲，"简直难以置信！差一点错过了那么多东西，教了五年书，我骂了学生五年，问题的解决原来如此简单。现在我非常喜欢给他们上课，而且看的出来，学生们更加喜欢我的课了。"说得没错！一个最简单不过的事实是：在课堂上，身体的距离就等于精神的距离。

所以，请走近你的学生吧，把自己想象成为一名橄榄球教练，你的队伍一定能次次得分，取得意想不到的好成绩。

延展阅读

《快速改善课堂纪律的75个方法》

如果说中国教师对课堂纪律问题解决方法多是"太极"，书里的方法就是"拳击"，每个方法像"拳头"一样直击最常见的5种课堂纪律问题（随便发言、爱讲小话、粗鲁无理、总是走神、轻易放弃），这些方法已经美国多所中小学课堂测试，证明其高效、准确、快速和容易实现。

提问与答案

如果你打算问学生问题
你应该知道问题的答案
否则你就把自己变成了地板
允许学生肆意在上面狂欢
他们会把整个提问环节弄得混乱
并且以后的提问也变得不乐观
你可能开始讨厌他们
仿佛他们是十恶不赦的罪犯
所以，提问时要十分谨慎
只问你知道答案的部分
你也因此不会有莫名的愤恨

建议14

不要挑起学生的攻击欲

下面是几组老师的提问和学生相应的答复：

老师：我得告诉你多少次才行？

学生：6284次。

老师：难道你没有一点儿家教吗？

学生：我爸爸在坐牢，我妈妈有精神病。

老师：你是不是想让我把你带到办公室？

学生：对极了，我正好需要休息一下。

老师：你是不是有问题啊？

学生：不是我有，是你有。

老师：难道你连这份材料也读不懂？

学生：我要是能读懂的话，你就得失业了。

你能猜出在上面的这些场景里，老师们会如何反应吗？没错，你猜对了，老师们大惊失色，觉得受到了莫大的侮辱。当然我不是说这些学生的答案是恰当的，但是我认为老师们其实是"自寻其辱"，他们本想控制局面，结果却推波助澜。苛刻而又讥讽的问题只会得到针锋相对的答案。教室里本来就不应该有讽刺的言行，这一点会在建议85中讲到。如果学生不规矩的话，不要用讥讽的口吻问他"你是不是有问题"，只要简单地说一句，"我看到你有一点点困难，需要帮忙？"然后就切实地去帮助他。在上面列出的最后一组问题和答复中，学生的答复其实是无可挑剔的——

　　如果学生们无所不知，表现完美，积极上进，我们可就真的失业了。

延展阅读

《高度参与的课堂：提高学生专注力的沉浸式教学》

　　学生在课堂上的高度参与是高效教学的核心。事实上，对于每一位教师来说，他们都可以利用与专注力、参与度有关的研究和策略，创造一个充满吸引力的课堂环境，提升学生的心情愉悦度、课程兴趣度以及自我效能感。

客观事实：如果学生无事可做的话，他就会自己找些事做，通常这些事可不是你所期望的哦！

避免"空白"时间

我们首先来看看什么是"空白"时间。"空白"时间就是指课堂上任何一段学生无事可做的时间。那么，在课堂上学生什么时候才无事可做呢？通常是在提前写完作业，老师提前讲完，或者从一个内容过渡到下一个内容之间的时间。这就是问题所在，避免"空白"时间的唯一方法是充分利用课堂上的每一分钟。换句话说，留作业的时候，还要为能提早完成作业的那些学生准备一些额外的活动。请注意，提前完成作业并不意味这些作业完成得正确无误。先弄清楚这一点，然后再来决定是给他们一些额外的活动，还是让他们用剩下的时间检查作业，并及时改正。无论如何，一定要让他们忙活起来。其次，如果离下课还有几分钟，切忌不做任何安排，学生们一旦无事可做，就会鼓捣出一些事情来，而这些事情通常是你不希望发生的。每一分钟的课堂时间都要填满，一定要采取有效的方式保证每一次过渡都自然顺畅。这里我有一点个人经验与你们分享。在课堂上进行过渡的时候，每次都会出现这样的情形：有的只消几秒钟的时间就已经准备就绪，有的还坐着到处张望，有的开始清理书桌里的东西，还有的开始和别人说话，形形色色。宝贵的教学时间就这样白白地流失了。因此，我换了一种方法，事实也证明，新方法非常有效，后来我还把它推荐给其他教不同年级的老师。我发现在内容转换的时候，学生们很喜欢计时完成任务。通常我告诉学生："好，我说'开始'的时候，你们再动。我一说'开始'，马上收起阅读课本，拿出昨天发给你们的语言教材。我会给你们计时，7年级学生的吉尼斯世界纪录是9.23秒（当然，这是瞎编的）。完成之后，竖起你们的大拇指。所有人都竖起拇指之后我就会记下时间。好，开始！"不错，相当奏效！几秒钟内，所有的学生全部准备就绪，急于知道他们能不能刷新世界纪录。更有意思的是，说了"开始"，我会按下手表，等到所有人都竖起大拇指的时候，再按一下。随后我就会煞有介事地宣布："天哪，只用了8.987秒，新的世界纪录产生了！"事实上，我戴的不过是一块普通的老式手表——根本就不是秒表——但学生们从来没有发现这个秘密。他们甚至和我教的其他班展开了竞赛，看看哪个班用的时间更短。他们喜欢这个游戏，且乐此不疲。所以请你也试一试吧。它能带来欢乐，节约时间，扫去疲惫。我们班创造的纪录是5.3245678932秒，你能不能打破它呢？

学生会受到你的影响，
因此，请保持热情高涨。
你的激情鼓励着他们，
使他们不再迷茫。

> 如果你能赢得学生的信赖
> 这种信任将无处不在
> 当他们的心与你不再有隔膜
> 他们才真正是你的学生

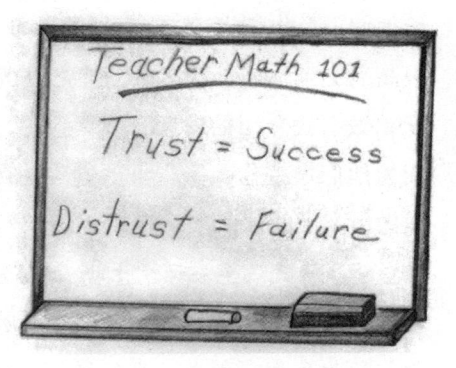

让学生安心

研究已经反复证明，感到焦虑或紧张的时候，人的大脑就会专注于如何来消除这种焦虑和紧张感。研究还表明，大脑处理否定言论所需的时间比处理肯定言论花费的时间多得多。知道这是为什么吗？其实，我们自己就可以找到答案。想想看，你伤心的时候，总是会一心想着怎样开心起来，这很容易理解。再想想，有人赞美你的时候，你是不是说声"谢谢"就任其过去了呢？被人赞美当然是一种美好的感受，但你却不会因此而忘记其他事情。可是，有人侮辱你，说你不好，讲你坏话的时候，你就会不高兴，然后绞尽脑汁去想这个人为什么要这样说，你还可能有些气愤，甚至可能想着去报复。不过，最终的事实是，不管你心里多么使劲地想要忘记它，大脑一时半会却不能摆脱它的影响。别人说你好的时候，你很容易就会忘记；别人说你不好的时候，要想忘记，恐怕就难上加难了。

同样的事放在教室里又会怎样呢？也无需花费太多的脑筋——在消极的环境中，比如令学生们感到害怕，不舒服或者焦虑的地方，学习效率非常低下，因为此时学生们的精力完全集中在如何令自己感到舒服一些，自在一些，不再焦虑害怕。所以，作为老师，一定要防患于未然。开学第一天的第一件事就是让学生感到舒服、自在和安心。

给他们一个你相当镇定、泰然的印象和感觉。先跟他们讲:"欢迎大家!很高兴见到你们!"然后,持之以恒地做下面这件事情:向他们承诺。开始做自我介绍的时候,不要说你希望他们做到什么,而告诉他们你能为他们做些什么,告诉他们你的课堂将非常生动有趣。你需要向他们做出如下的承诺:

◆ 我一定不会在课堂上扯着嗓门说话,不会朝你们大喊大叫。当然,这并不等于我会放任你们的错误行为,是的,你们依然必须对自己的所作所为负责。但是,我保证,我会在课下再处理问题,给你们足够的尊重。(对了,你无需再补充,"我希望你们也尊重我。"因为,如果学生们得到了尊重,自然也会尊重你。)

◆ 我一定不会当面给你们难堪,当着同学们的面让你们尴尬。放心吧,这里很安全。我相信,在这里,你们一定会学到很多!

做完承诺,你已经实现了两个目的:

◆ 学生们知道你是勇于承担责任的、可靠的。谁来监督你完成自己的责任?学生,他们会督促你始终信守自己的承诺。违背诺言的后果就是失去他们的信任。所以,基本上,你已经摆脱了在课堂上"乱发脾气"的风险。

◆ 你已经让学生们安下心来。安心,放松,他们就会全力以赴,勇于接受挑战,而且遵规守纪。他们会因此而获得成功,更重要的是,他们将从此永远把你记在心间!

让我忙碌起来吧

忙来又忙去，你让我忙得晕头又转向
忙完这样，忙那样
除了学习，没时间忙任何其他的事
想捣乱，就更没时间了
学习、学习，整天都是学习
根本没时间做错事
提问、回答、探索、学习
向着自己的目标前进
你让我如此忙碌，如此充实
我根本没有时间犯错误
一天又一天就这样过去了
在你的班上学习，真是乐趣无穷。

安奈特·L·布鲁肖

提供系统的"即时作业"

为什么学生走进来的一瞬间，有的教室马上乱成一片，而有的教室则依然安安静静，学生们进来后马上就投入了学习？答案非常简单：优秀的老师知道每天都必须为学生准备好系统化的"即时作业"，保证他们一进教室就有事可做。什么是"即时作业"？就是每天都张贴在教室某个固定地方的一道题，学生们一进教室就可以考虑解答。这些作业简洁而又有趣，而且都与当日的教学内容有联系。比如，如果今天要讲授美国的司法制度，那么你就可以选择这样的题目来作为"即时作业"：假设今天所有的校规都被取消了，所有学生都可以随意做任何想做的事，没有任何限制。请考虑一分钟，然后写出三个校规消失之后可能出现的场面。你认为校规是否有存在的必要呢？请陈述三条理由。

这道题只需要一分钟就可以做完，你可以顺便和学生们讨论一下有关社会法规法律及其影响等方面的内容。

　　成功课堂管理的要素之一，就是从学生们进入教室直到他们离开的最后一秒，始终都能积极参与到所有的课堂活动中来。忙碌的学生是成功的，也是遵规守纪的，因为他们根本就没有时间去做别的事情。

　　所以，让他们忙起来，不停地给他们任务，让他们精疲力竭！你会享受这个过程！

延展阅读

《让每个学生主动参与学习的37个技巧》

　　即兴使用的（快速写作、快速绘画、黑板汇总等），有举卡片的活动（对/错判断，选择响应等），也有一些课堂活动（交流卡片、并列展示、仿真扮演等），还有的可以指导学生记笔记、分析概念（画图笔记、三句话总结、辩论队卡片等）等37个经过美国中小学真实课堂检验的全员参与教学技巧，帮助老师快速活跃课堂气氛，让每一个学生都积极主动地参与学习，深入思考并大胆发言。

如果我会

如果我会做，我就愿意去做，无论你是否认为我应该去做。

我不愿意去做，是因为我不会做，而不是因为你认为我不应该做。

但是事实上我不会做，所以我不愿意做，因为我不愿意，所以我就不做。

那么现在，你是有些不解，还是觉得好笑？

因为你不告诉我该做些什么，所以我也不告诉你，但我真的希望我会做。

安奈特·L·布鲁肖

不要和学生"角力"

优秀的教师从来不会与学生"角力"。最近我听了一位七年级老师的课，发现了这样一件事：一个学生趾高气扬地走进教室向大家宣布："嗨，你们猜得到吗，昨晚我爸爸中了彩票！他说我再也不用来学校了。终于不用再看到你们了！"我得承认我非常佩服这位老师。他抬头看了这个学生一眼，笑了一下，说道："孩子，你好幸运啊！"然后就接着讲课了。这个学生一时没有反应过来，呆住了，然后悄悄地走到自己的座位上。毫无疑问，他想挑起一点儿事，可惜的是，这事儿至少需要两个人，但另一个人不陪他玩。老师没做过多反应，也没有任何攻击性的言辞。但是事情到此还没有结束，事后老师告诉我，放学后这个学生没有走，而且还主动找他道了歉："对不起，我不应该这么做。说我爸中了彩票也就是开个玩笑。"

现在让我们来看一看如果这件事发生在另外一位总想和学生比谁更厉害的老师的课堂上，将会是什么样的结局：

学生："嗨，你们猜得到吗，昨晚我爸爸中了彩票！他说我再也不用来学校了。终于不用再看到你们了！"

老师："年轻人，首先，你爸爸没中什么彩票，因为我们还没有听说；其次，你还没到退学的年龄；最后，我再也不想看见你这样闯进教室，无礼地侮辱你的同学和老师！"

你能想象最后会发生什么事吗？

重复一遍，优秀的老师从来都不会和学生"角力"。他们不会立刻对学生的挑衅做出反应，而是保持镇定，随即控制局面。简而言之，他们从不会火上浇油。

延展阅读

《颠覆性思维：为什么我们的阅读方式很重要》

在本书里，你可以得到以下改善学生阅读状况的实用策略：默读计划，创造良好的阅读氛围；注释标记策略，帮助学生关注书里的内容；BHH阅读框架，帮助学生将文本中的标记转换为内心的想法。这些清晰明了的阅读教学指导，既能促进教师教学习惯和思维的改变，又能进一步提高学生的阅读能力，甚至可能改变学生对于人生的展望与看法。

客观事实：合理的处理方式，会带来合理的结果；不合理的处理方式，会导致不合理的结果。

惩罚要适当

我亲历了一位老师惩罚一个随便插嘴的学生。惩罚的方式是让这个学生把本应在刚才说话时读的那篇课文完整地抄下来。"等一下！"我暗想，"作为一位教语言的老师，难道她不应该给予学生对阅读和书写的爱的体验吗？难道这种惩罚方式不会让写作变得更加无聊和乏味吗？她这样做会不会打消学生的积极性，进一步助长学生的坏习惯呢？"下课之后我问她为何采取这种方式，以及她想达到怎样的预期效果。她答道："哦，就是想让他集中注意力，不要总是在不该讲话的时候插嘴。""有用吗？"我问道。"哎，一点儿用也没有，他顶嘴，不抄课文，还把铅笔扔在一边，说他没法写，然后又开始乱说话了。""为什么非要这么罚他呢？"我又问，"还有别的办法吗？""他越说，我越气。那时候我就只想到了这么个办法。"我建议她下次找一个适当的惩罚方式。随后，她明白了，更加妥当的方法是和这个学生单独谈一谈，告诉他这种行为不仅是错的，还会分散别的同学的注意力。因此，他必须承担相应的后果，别的同学可以休息一分钟的时候，他就必须老老实实地呆在课桌边了。

上面的这种情景相当普遍。有学生捣乱，老师自然会不高兴，常常这样说："你不马上闭嘴，就甭想课间休息。"或者，他们会强迫学生写一些类似这样的句子:"我再也不随便插嘴了!"还要他们写上个几百遍。这有意义吗?不妨想象一下,你在教职工会议上说话被当场点名,然后被罚写五百次"我再也不在开会时说话了",此时你又会怎么想,怎么做?这样的处理方式毫无意义可言,只会引发别人的憎恶。你一定不想让学生厌恶你。相反,你希望他们牢记规则就是规则。

记住:惩罚学生的根据是他们犯错误的严重程度,而不是你个人的精神状态。

延展阅读

《好老师激励后进生的21个课堂技巧》
　　天才的成长需要自由与宽容;后进生的成长则需要更多耐心。教师要学会用爱心和智慧等待,不要盲目地拔掉一棵草,不要草率地否定一个人,给每一朵花绽放的时间,给每一个后进生证明自己价值的机会。

如果你是对人不对事,那么那个人的问题只会更加严重。

对事不对人

老师犯的最大的错误之一,就是把问题和人混淆起来。只有把这二者清楚地分开,才能更好地解决问题,或更好地与他人相处,让我们来把这个概念弄得更简洁一些。有位学生考试总是不及格,作为老师,你知道她其实是很聪明的。针对这位学生,你可能会这样说:"小姐,注意,我知道你很聪明,如果你再努力一些,上课再专心一些,你就能得到优秀,而不是不及格,你到底是怎么了?"听出老师的话语中所包含的讥讽和责备了吗?而且,这位老师自己都没搞清问题的根源,却把解决方案强加给了学生。好了,现在再让我们来看一看在同样的情况下,能解决问题的老师是怎么说的:"鲁贝卡,这样的成绩你一定很难过。我知道你很聪明,是不是有什么事使你分心了呢?也许我能帮你。"听出这两种方式的不同之处了吗?你有没有注意到,这时候的焦点是问题本身,而不是这个学生本人,因而她的自尊得到了维护。遇到攻击就自卫是人的天性,学生也是人,这一点毫无疑问。

有一次我目睹了一位老师和学生之间发生的故事。学生非常不高兴地走进了教室,好像是刚才在操场上发生了什么事。一进教室,她就开始欺负另外一个同学。老师请她坐下,谁料想她立刻还嘴:"别管我,你这个⋯⋯"(我想你自己一定能填上这个空。)老师相当平静地和她耳语了几句，随后她就坐下了，然后老师开始上课，仿佛什么也没有发生。过了一会儿，全班同学都开始做题，老师就把这个学生叫出了教室，和她单独聊了起来。下课之后我跟老师说："你处理这个问题的方式给我留下了相当深刻的印象，能不能告诉我刚才你跟她小声说了什么，让她平静了下来？"老师笑了，说道："这个学生刚刚搬到这里，还不太了解我，不知道我到底是不是一个……或许是，或许不是，但是她必须先了解我然后才有权下结论。我跟她说的也不过是这样一番话而已。我请她先用几分钟的时间平静一下，然后再来解决刚才的问题。当然，你也看到问题已经解决了，而且我也在很短的时间内对她有了更多了解。"我又问："你总是能这么平静、熟练地处理类似情况吗？"老师又笑了，她说："我相信如果所有的老师都能真正认识每一位学生，也能够了解学生们犯错误的原因，了解他们所面临的问题，他们心中的烦恼，那么十次有九次我们会感到伤心而不是生气。"后来她又补充说，"请相信，我绝对不是为他们的行为找借口。但是，我的态度和信念使我每一次都只解决问题而不针对个人。我爱那些孩子，无论他们是否接受我的爱，我都永远爱他们。他们迟早都会明白，我只是关心他们，而不会攻击他们。""那你觉得刚才那个学生要多久才会明白过来？"我问她。"她已经明白了。"老师答道。"你就那么肯定？"我又问。"肯定，"她说，"世界上再也没有比这更棒的感觉了。"

学生引发的难题总是层出不穷，
你不必为此觉得他们面目可憎，
与他们交流有助于找出问题的原因，
帮他们解决问题更能体现出教师的责任心。

建议 21

即便是对于那些最难管教的孩子，如果你是私底下、一对一地与他沟通，那么解决问题的胜算也会大很多。

私底下的练习课

如果你当众指责某个学生的不良行为，他的行为不但不会改进，反而会因"观众"的存在更为严重。如果你私下处理学生的不良行为，你会发现再刺头的学生也不那么棘手了，下面的方法非常神奇，你肯定会惊讶于它的非凡效果。

当班上有喜欢在课堂上随便讲话的学生时，你可以私下对这名学生说："我注意到你在老师讲课时经常忘记'讲话前先举手'这个程序，也不只是你一个人记忆力差，我也会经常忘记事情，我知道你在那么多朋友面前忘记'讲话前先举手'这条规范会让你有些尴尬，不用着急，我愿意帮助你，从今天的课堂开始，我们一起练习这个规范，这样你一定会慢慢记住的，而且我敢保证，你以后再也不会忘的。"就这么简单，你也要假装认为学生真是忘记举手，当然他也不会故意忽略这个规范。解决问题的关键是你并没有因为学生做错事情而怒发冲冠，而是告诉他你愿意拿出自己的时间帮助他改掉错误。你通过这样的方式委婉地改变了你的"问题学生"。

当这名学生走进模拟教室，你可以对他说："谢谢你来到模拟教室，现在假设你在上课，然后你想说话，你应该怎么做呢？"当学生慢慢举起手，你可以鼓励他说："太棒了，就是这样，接下来我们练习十五

第1章 课堂管理 · 051

分钟，你认为是否需要再多练一段时间？这个你觉得你能掌握吗？"在你的学生回答"我能掌握"之后，你应该说："很好！明天见。如果你再忘记这个规范，那一定是我的错，我没有陪你练习好。如果你认为还需要练习，告诉我，我会安排放学后的时间陪你练习。"

你会注意到这个方法用不了多长时间就可以纠正学生的错误，如果你在学校教课且遇上了上课爱随便说话的学生，你可以在课间、备课时间或者午饭的时间试用这个方法。如果使用得当，你一定会发现这个方法收效显著，但如果你在使用这个方法时带有人身攻击的色彩，那么效果将大打折扣。

当那名喜欢在课堂上随便说话的人以新的面貌出现在课堂上时，一定要表示出你对他的感谢。如果你们之前的练习课收效甚微，那你完全可以再安排一节练习课。实践证明，这个方法适用于一切整治不端行为的情况。

"私底下的练习课"是一个简单而又有效的方法，使用这个方法后，你会发现结果完全超乎你的想象。而且，这是一个适用于所有年级的方法，如果有人对你说这个方法没有效果，显而易见，他没有努力尝试这个方法。

正所谓实践出真知，在不断的实践之后，你会发现这个方法也可以熟能生巧。

如果某个局面被你弄得一团糟，不要推卸逃避，不要掩面哭泣，也不要置之不理。不要烦恼，不要抱怨，不要放弃更不要屈服，因为每天都是新的一天：预备，开始！

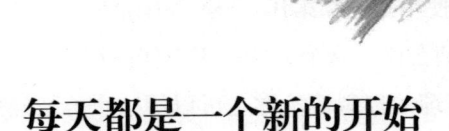

每天都是一个新的开始

一个新教师曾经对我说："我对学生已经失去控制了，这才只是期中啊！如果我现在想重新开始算晚吗？"对于这个问题我的回答是这样的：如果你从开学第一天就很注意课堂规范的建立并致力于维护课堂管理，那自然是最好的，但如果你后来发现学生慢慢逃脱了你的管理，那么从任何时候开始都不算晚。即使很多学生看起来不太受你的管理，一切也均可在掌控之内。

下面我给大家介绍一个可以让你重新开始的小方法，无论你什么时候想尝试一些新鲜事物却最终并未取得预想的效果，你都可以用"教师会议"这个方法，具体情况如下：

如果你的学生喜欢在课堂上七嘴八舌乱说话，而且他们肆无忌惮、不受控制，如果你威胁他们说你们再胆敢这么乱说话，不遵守课堂纪律，我就要惩罚你们了。这样威胁的话可能会适得其反，更好的方式是你应该对学生们说："我参加了一个教师会议，我们讨论了六年级学生应该遵守的规范，我知道你们虽然只是五年级的学生，但我在教师会议上就对其他教师说我们五年级的学生也可以遵守这个规范，你们想不想试试？"一般情况下，学生会同意的，你可以借此规范课堂交流流程，通过不断的练习，学生们会从中感受到成就感，你可以表扬他们，然后再让他们不断练习，不断规范他们的行为，在他们成功后，表扬他们所取得的进步，这样重复几次后，你就可以对学生说："哇！我已经迫不及待地要在下次教师会议上告诉每个教师你们可以做到本应六年级学生遵守的规范，我为你们感到骄傲！"

这样，你建立了一个新的规范，你让新的规范有趣且具有可操作性。持之以恒，你一定会取得成功，如果有个别学生没有遵照你制定的规范执行，你可以使用我们在第102条建议中讨论过的"私底下的练习课"这个方法，"教师会议"这个方法适用于任何年级，你可以用这个方法重新拿到教师管理的控制权，你也可以用这个方法建立任何你想建立的规范，没人会在乎你是否真的参加了每周教师会议。

不要把时间浪费在抱怨过去的错误或取得教室控制的失败尝试上。相反，你应该认真分析失败的原因，你可以从错误和失败中吸取哪些教训，然后重新开始。一般情况下，当教师对教室管理失去控制或某个规范没能发挥作用时，很多教师选择放弃，他们不想坚持下去了，所以我建议所有的教师：

在你建立了某个规范后，请一定要坚持执行下去，只要你能让自己坚持下去，你就有机会掌握教室管理权！

课堂管理小结

- 给学生留下积极的第一印象,微笑着、充满热情地欢迎学生,跟学生确保会有一个令人兴奋和成功的新学年。
- 建立一份条理、清晰的课堂计划,一以贯之地执行这份计划。
- 告诉学生学习目标,向学生展示如何实现这些目标,然后不断和学生练习这些程序,直到程序成为一种日常行为。
- 每天都要跟学生打招呼,表示你很高兴见到他们。
- 避免吹毛求疵:忽略一些学生轻微的冒犯或不当行为。
- 永远不要当着同龄孩子的面说或做一些令学生不快的事情,就像你不希望校长在你的同事们面前说或做一些事。
- 尽量不要把学生送到校长办公室。无论何时,都尽可能自己处理纪律问题。
- 指出学生的错误是为了促进学生表现得更好。
- 当一个问题将要发生的时候及时发现,使用积极的手段制止。
- 给学生缓冲的时间,从而再次让学生有动力和集中注意力。
- 教学时可以尽情地在教室里走动,整个教室都可以!
- 让学生从上课铃响起一直忙到下课铃响。
- 营造出积极向上、具有安全感和愉快气氛的环境,可以促进学习和恰当的行为。
- 不要陷入跟学生的"角力"。
- 当学生行为出现逆反的时候,私下里跟学生开会交流讨论。
- 违反班级纪律的惩罚后果一定是合理措施。
- 惩罚学生出现的问题,而不是问题背后的学生。
- 当事情停止运转的时候,随它去,然后重新再来。

第 2 章

教学规划

计划的奖赏

赛场上,教练总是尽量计划周全
手术室里,主治医师总是打有准备之战
对弈的双方经过深思熟虑后走一步,向前
旅行的人们出发前便计划着衣食与路线
所以,教师备课的目的可见一斑
失败的计划等同于计划一个失败
正如钉钉子没有锤子,航船没有风帆
因此,请每天计划你的课程
坚持沿着这样的工作方式大步向前

建议 23

我每天都与新教师们一起工作，我发现他们几乎都不太会合理利用时间，尤其是在做规划的时候。对于新教师而言，如何确定某一堂课或某一次活动需要花多少时间，放学之后怎样抽出时间备课和写教案，除了工作又该如何抽时间照顾自己的生活等等这些问题，似乎太难以应付了。

合理利用时间

有一天，一位新老师流着泪走进了我的办公室，她说："我干不完，一天的时间太短了。""做什么时间不够？"我问她。"上课的同时还得生活——改作业，备课，写教案，还得回家照顾家人，这怎么可能呢？我想我一定是入错了行。家人也很痛苦，我成天都在忙工作的事。我受不了了！"于是，我让她告诉我她一天里的大致安排。基本是这样的：

◆ 早晨醒来，批改一两份作业或者备几分钟课；

◆ 做早餐，吃饭的时候，再改一两份作业；

◆ 准备上班的东西，准备孩子上学的东西；

◆ 到校，签到，再做点工作——通常是在和同事们碰头的时候进行；

◆ 上一天的课——还有一个小时的工作规划时间，通常是在同事的唠叨和抱怨中度过；

◆ 放学回家，整个晚上杂耍般地做饭，清扫，改作业，备课，陪孩子做作业等等等等；

◆ 在天亮之前流着眼泪入睡。

好了，必须帮帮她。她是一位很优秀的新教师，但是需要学习一些安排时间的技巧。看出来没有,她这一整天都是在匆匆忙忙地做事,这件还没做完就开始做下一件,从来都不是先做好一件,再开始另一件。照这样下去,别说是她,就是经验丰富的老教师也应付不了。所以我给了她一个小小的建议,而这个建议完全改变了她的生活!我问她每天花多少时间独自一个人专心地备课和批改作业,答案呢,大家也看到了,根本就没有。我又问她能不能每天早来学校一个小时,或晚走一个小时,花一个小时的时间——单独——工作。她说,每天都是丈夫送孩子去上学,所以她可以早来一个小时。于是我们说定,每天早晨她都早来一个小时,在教室里独自工作一小时,不受任何打扰。而且她一天的时间里还有一个小时要重新安排一下——她的工作规划时间。她同意以后在这段时间里,再也不会抱着厚厚的教案到教师休息室和其他同事闲聊了,相反,她会安心地呆在自己的办公室里做自己的事。

一周后,她给我打了个电话。她说:"您挽救了我的生活!我严格地遵循着上次我们说定的时间安排,效果好极了!再也不用把工作带回家了,生活又回到了正常的轨道上,还有了很多的剩余时间。现在,我完全可以自由掌控做计划、批改作业和写教案的时间了。"

"哦,"她补充道,"现在学生们和家人都说我比以前更好了!"

记住:合理利用时间即是为自己减轻重担。

> 世界上最难做的工作，恐怕就是做一位成功的老师了。
>
> ——威廉·格拉瑟
> 美国心理治疗学家

要明白教学工作的艰难

人们普遍有这样一种根深蒂固的误解："教师的工作太轻松了。"一天只需工作几小时，双休日休息，一年有好几个节日，还能享受长长的假期，何等的轻松惬意！这样说的人肯定没有当过教师。事实上，教师是世界上难度最大的职业之一。但是毫无疑问，这也是世界上最伟大、回报最大的职业之一。

遗憾的是，很多刚入行的新老师，对教师所需付出的努力缺少了解。得知自己要改作业，要安排时间，要学习如何有效地教学和管理班级，还需要拥有极大的耐心、同情心和包容心，需要扮演多重角色，以及应付学生们带到学校来的各种各样的问题后，他们往往毫无准备，大吃一惊。

请记住，教书育人需要努力和付出。有时候这条路相当崎岖不平，你可能会不停地摔跟头，甚至还可能流血。但是一定要明白，付出最多的也是回报最多的。教书育人带给你的收获，远远超过你的付出。在第一次让一个孩子露出微笑的时候，第一次得到一个汗津津的拥抱的时候，第一次用衣袖擦干学生眼泪的时候，第一次打开一个层层叠叠的包裹，看到一件礼物的时候，还有在你亲眼看到学生取得或大或小的成就的时候，或者你教的那些孩子们正在付出一点点或极大努力的时候，你就会切身地明白这一点。

的确，教师这个职业是一个苦差事，教师这个职业更适合那些喜欢挑战的人，更适合那些全心全意奉献自己的人，更适合那些懂得宽容、品质高尚、勇于承担责任的人。我相信你一定可以具备这样的品质，你一定可以成为一名优秀的教师。

我曾经抱怨过工作的辛苦，那时我也是刚刚参加工作不久。有一天，我走出办公室正好看到一个学生在等我，她略显害羞地递给我一个包装精致的小礼物，礼物上有个留言签，上面写道：老师，谢谢你对我的爱！

延展阅读

《启发每个人思维的数学小书》

入选清华附属小学必读书目/全国小学图书馆馆藏书单，清华大学附属小学校长窦桂梅推荐！经典长销75年，一小时就可以读完的数学入门经典，开阔思维，了解数学的基础性和延展性，打消学生对"数学"学习的抵触心理，激发学习兴趣。

从1942年出版至今，这本数学入门小书影响了几代伟大的数学家，与《爱因斯坦相对论》并列为历史上影响巨大的三大数学入门的经典著作之一。以诗一般的文字和充满想象力的插画，让数学与艺术进行了一次完美的碰撞，为数学思考的本质与哲学作了迷人的阐释。

建议 25

明天再做吧

明天再开始，今天我不想做，所以推迟到明天，明天，我又把它推迟到了后天——一推再推。

要做的事情已经写满了无数张纸，但是，这份清单还是变得越来越长。

它们挤满了厨房，挤满了房子，挤走了我的孩子，又挤走了我的爱人。

如果我能先完成手头的事，再一件一件地做其他的事，事情就会容易得多。

但是现在手头的事都没有做，天呀，我头晕脑涨，该怎么办？一点头绪也没有！

被这些事情重重包围，感觉好内疚，好自责，所以，我又翻开了新的一页，好吧，明天我就做！

——安奈特·L·布鲁肖

不要无故延迟

新教师经常会走入这个误区，他们总想把事情留给明天，我不希望你也走进这个漆黑的山洞，所以我在此再次强调：不要把事情留给明天。我们经常会觉得忙碌不堪，这时，我们往往选择拖延的方式，先是拖延一件事，接下来就演变成拖延两件、三件，最终你将淹没于自己拖延下来的事情中。很多人有过这样的经历：考试的前几天才开始临时抱佛脚，如果这些人能把平时学习的知识当时掌握，他们就可以从容地走进考场，不必在考试前一天临阵磨枪，也不必精神崩溃。我不想再次重复"今日事，今日毕"的重要性，对于新教师，我真心希望你们能做到不拖延，把工作安排得有条不紊。

　　记住：工作的智慧就是，你来掌控所有的工作，而不是让工作来掌控你。一分钟也不要延误，现在就迈出第一步，开始！

延展阅读

《让小学一年级孩子爱上阅读的40个方法》

　　荣获美国NCTE儿童教育类最高奖"Orbis Pictus Award"奖，"小学生快乐阅读教学课程"创始人传授快速获得阅读技巧和阅读乐趣的教学法。每个方法均经过美国"小学生快乐阅读教学课程"创始人30多年亲自教学运用，充分展现了学生阅读与世界未来的密切关系和重要性，简单、好用、有效。

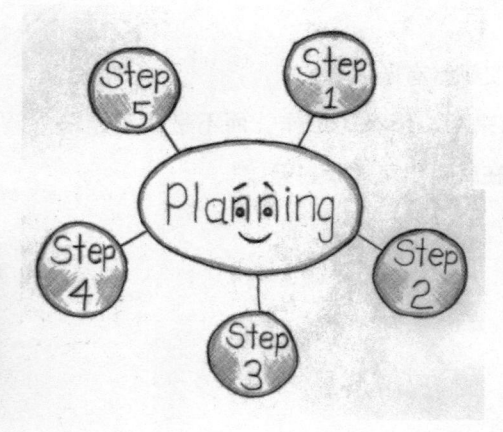

> 失败的计划等同于计划一个失败,这就好比行驶一艘没有帆的航船。

精心备课

如果你想上一节令学生满意的课,那么你需要认真备课,仔细计划授课步骤,仅此而已,优秀的教师深谙此道。但备课需要大量的时间。如果你做了充分的准备和周详的计划,你会同你的学生一样享受其中。尽管你做了十足的准备,这是否意味着你的计划完美无瑕呢?当然不是。教学是一门精细科学,它不会完全按照计划进行,因此教师更应该尽心尽力计划周全。

没错,如果你不做计划,那么你就是在计划失败,其中的道理很简单。如果你试图"糊弄"一节课,不要认为学生会毫无察觉。他们看得到,感觉得到,甚至还会"照猫画虎"。提前备好课的确需要时间、技巧,需要动脑筋,但是,如果课备得好,基本上就大功告成了。再上课,你就会心中有数,乐在其中。相反,那些备课不认真的老师总是会遇到无尽的麻烦,学生不听话,课堂一团糟。如果想让学生掌握什么新技巧,备课就更得认真仔细了。备课是一门技巧,需要训练、耐心、练习和指导。老教师们在如何帮助新教师们快速高效备课这方面,扮演着相当重要的角色。

以下是一些帮你更好备课的小贴士,希望它们能对你有所帮助:

◆ 确定你的教学目标;

◆ 考虑如何才能让你的课更有趣、更能吸引学生的注意力；

◆ 确定怎样才能让学生们在整节课的每个部分都有参与的切入点；

◆ 明确本节课的目的，把本节课要讲授的技能与学生生活实践相结合，与他们共同学习、共同模仿、共同实践，然后让学生们独立运用学到的技能并要求他们回顾所学到的知识；

◆ 备课时，搜索有用的材料；

◆ 享受你精心准备的知识大餐。

如遵循以上建议备课，你一定会收到立竿见影的效果。

如果你全心全意地备课，

就像即将发出一份特殊的请帖，

你会看到学生对知识的理解，

这会缓和你的压力、解开紧张的心结。

延展阅读

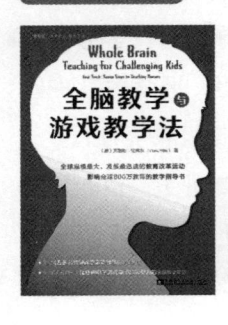

《全脑教学与游戏教学法》

美国全脑教师协会会长克里斯·比弗尔在本书中总结出了一个7步教学旅程，在这段旅程中，你将使用由成千上万的教师实践过的全脑教学技巧，创造一个比任何电子游戏都更具吸引力的学习系统，让你的学生积极参与到课堂活动中来，享受学习乐趣，快速提高学习力。

建议 27

> 我的教室曾经乱作一团
> 我甚至看不清每个学生的脸
> 后来我找到了一个好地方
> 把很多东西重新整理、分类收藏
> 如今我的教室焕然一新
> 里面随处可见教与学的良好气氛

精心准备，井井有条

凡事有条有理并不是一门与生俱来或者可以轻易掌握的技巧。但是，如果你想成为一名优秀的老师，还非得掌握它不可。首先，一间井然有序的教室可以让人感觉到老师能干且认真；在这样一个环境中，学生们自然也会认真对待，尊重课堂，尊重老师，遵规守纪，不犯错误。他们想要也需要系统的安排，他们希望自己的老师能够精心备课，将一切都安排好。如果相当熟悉教室里每一样东西的位置——而且它们也全部各归其位，那么，你就会感觉气定神闲。我经常注意到这样一种状况：教室里乱七八糟，老师一边讲课，一边手忙脚乱地到处找自己需要的东西，或者临时安排某项课堂任务让学生完成——他们根本就没有备好课。与此同时，学生们就会与他一样忙乱不堪。关键之处在于：在整洁有序的教室里，学生就会井井有条；如果老师精心准备，胸有成竹，学生就不会捣乱，从上课到下课，每一分钟的教学都自然而顺畅。程序明确，环境整洁，所需的资料随手可得，课堂内容一丝不苟，在这样的教室里，学生们自然会心情愉快，乐于投入学习。

现在，让我们再来看一个反面的例子。一次，我走进了一位老师的课堂。天哪！教室里乱七八糟到处扔着东西，地板上杂乱地堆着学生的课本、作业等等，课桌横七竖八，到处都是书、作业本。就连老师的讲桌都像是刚被龙卷风袭击了一样，"还没来得及扔进垃圾桶"的垃圾充斥了整个教室。再看看老师是怎么讲课的：手忙脚乱，不停地找找这个，找找那个，教案、教材、进程安排，好像全玩起了失踪。学生们叽叽喳喳，随便走来走去，有一个还差点被走道上的东西绊了一跤。整整一个小时的时间，我没看到进行任何教学活动，人人不知所措，乱作一团。一个词，就是"一片混乱"。老师很不好意思地开了个玩笑："清洁工都不愿意进来打扫了，嘿嘿。"无需多想，这位老师需要指导，其他好心的老师应该来告诉她如何让一切重新有序起来。还好，现在虽然情况还没有完全好转，但已经有了很大的起色。

一个有条理的教室具备以下特征：

◆ 教学、学习；
◆ 学生举止端正、规范；
◆ 学生积极参与教学；
◆ 学生按照教师的要求完成任务；
◆ 安静有序的环境；
◆ 积极地学习氛围。

重复一遍，学生需要温馨、整洁、井然有序的学习环境，他们也希望自己的老师精心准备，让每一堂课都自然流畅，风趣吸引人，让他们学到丰富的知识。

切记：没有哪个孩子的生命可以浪费在乱糟糟的学习环境里。

建议 28

一个记录，两个记录，三个记录
　　成绩记录，考勤记录，档案记录
　　它们记录着学生的成长
　　教师用这些记录帮助学生天天向上
　　这些记录也在帮助教师探索教学方向

保持精确的记录

在当今的时代里，为每一个学生建立并保持精确和完整的档案的重要性和必要性，我们已经听得太多了。"如果父母不相信自己的孩子会犯错误而因此起诉我们的时候，我们该怎么办？""新的全国性统一测试已经在推广，万一我的学生成绩不好，我会不会失业？""我本人就曾经目睹过类似的例子，所以无论发生什么，我都会保留相关的文件——以防哪一天真的被起诉。"这样的事情不胜枚举。虽然我并不认为这些事情相对处于次要的位置，但现在不对这方面的内容做重点论述。

相反，我的重点是，保持精确的记录，是为了更好地掌握学生的成长情况，同时为学生家长和教育专家提供必要的信息，以此来更好地促进孩子的进步和提高。我想，只有到我告别教育事业的那一天，我才可能不用心记录学生的进步和日常行为。

那么，保持精确的记录对学生们有什么益处呢？很简单，那就是——教与学的同步提高。最近有人叫我去帮忙处理一个"问题学生"。这个孩子有两位老师，他只和其中的一位有矛盾。所以我决定分别来了解一下这两位老师的想法。我请第一位老师谈谈她心中的托马斯——这孩子的名字。她说："我把成绩单拿来给你看看。"托马斯的成绩全都是不及格。我又问她托马斯有没有什么优点。她说，"你还看不出来吗？他没有任何优点可言。"我接着问："那他哪方面的问题最大？""啊，哪方面都有问题，不听话，不用功。"我请她给我看看托马斯的日常行为记录，或者其他她曾帮过托马斯的文档资料。她仅仅拿出了几份考卷，每一张上面都只有一个大大的红色"F"，除此之外，没有任何批注，什么都没有。随后，我又问她有没有采取过任何独特的方法来满足托马斯的需求，答案还是没有。我不禁暗想，"如果你不知道一个学生需要什么，那你又如何能满足他的学习需求呢？"至于托马斯为什么不爱听她的课，原因不言自明。

我接着找到了另一位老师。她不仅给我看了托马斯的成绩单，还拿出了一个厚厚的文件夹，里面有托马斯的作业、与他父亲的往来信件、一张从通知栏里拿来的托马斯的照片、一封托马斯写给她的信、一张记录了托马斯日常行为的表格、几份批改过的试卷、写了很多的评语（大部分是正面的，且所有的评语都极富建设性），最后一份材料（当然不是最无关紧要的），是这位老师采取的一些教育托马斯的方法和策略，她还特意在其中一些颇为有效的办法旁边划了个红色的星号。毫无疑问，虽然托马斯并没有在这位老师的课上取得优异的成绩，但他从来没有捣过乱。还没等我问，这位老师接着又告诉了我托马斯所有的优点：他外向，领导能力突出，有创造力，还有着无比坚定的成功的决心，特别是有面对困难时难得的勇气。这还是那个托马斯吗？是的，没错。但是，如果不是听了这两位老师的亲口描述，我可能永远都无法真正认识他。第一位老师还抱怨托马斯的父亲从来都不肯合作，第二位老师的描述则完全相反。一样的托马斯，一样的托马斯的父亲。相信你有自己的判断。

关键之处在于：优秀的老师会一直保存所有的记录，以跟踪学生的成长，研究学生的学习和行为规律，并据此对教学做出相应调整，及时和家长进行有效沟通。课堂上的托马斯们，必然会因此受到长远而有益的影响。

有能力的教师保持精确的记录，

这些记录迫使挫折在远方驻足。

他们不只是收集这些数据，

更善加利用里面隐藏的信息。

他们用这些记录提升教学质量，

他们用这些记录设计教学方向。

因为有能力的教师有一个梦想：

培养成功的学生，

这也是他们的愿望！

延展阅读

《给教师的40堂培训课》

100万教师的培训经验，40个卓越教师快速训练法，能产生立竿见影的培训效果，迅速提高教师的教学技巧，改善学生的课堂表现。

你若没有奋斗的方向
必将会经历痛苦和绝望
即使你在接近理想
如果你自己也不知道去哪里
你所拥有的只会是困惑与犹疑

每一堂课都要有明确的教学目的

"今天你在学校里学到了什么？"孩子放学一回家，很多父母都会这样问。"什么也没学到。"大部分的孩子这么答。"那你这一天都干了些什么？""噢，抄了很多东西，读了几个故事，还读了一篇课文，然后又回答后面的问题，填了许多无聊透顶的表格。"好了，我们已经知道他们做了些什么，但他们到底学到了什么？还是一片模糊。因此，这里我们必须提个问题："这位老师让学生完成了这么多任务，那么每节课他都有一个明确的目标吗？这些目标他告诉学生们了吗？"

想象一下你要去度假却没有目的地，那你怎么收拾行装？再想象一下，一位外科大夫走进了手术室，却不知道要做什么手术："让我先来给他开一刀，检查检查再看看是什么毛病。"或者你也可以把自己想象成这位病人，知道自己要做手术，却不知道自己得了什么病！这听起来很荒谬，对不对？如果学生们不知道自己能学到什么，同样是件荒谬的事情。

向学生简单陈述一下本节课的教学目的，可以帮助他们进一步明确自己到底应该学些什么。经常看到有些老师让学生读课文，读完了再回答后面的问题。学生们极不情愿地开始，但是却不知道自己为什么要这样做。事实上，有学生提问"为什么要这样做呢"？这是个好现象，它就像是一面红旗，提醒你不要忘记向学生陈述这节课的教学目的。

毫无疑问，作为一名老师，每节课你都需要在教案中写出明确而又合理的教学目的。但是这还远远不够，每节课一开始，你都要告诉他们："猜猜看，在今天的课上能学到什么？好吧，让我来告诉你们。"

老师只有知道自己要教什么，学生们才会知道要学什么。

延展阅读

《带着目的教与学》

围绕"学习目的"展开，从教学设计到学习效果评估，以"学习目的"为核心的教育理念和教学方法在书中都有详细的阐释，为教师提供了循序渐进的教学指导，并配有生动的实例加以说明。教师也可借鉴书中的教学模板，将其应用到自己的教学中。

代课老师走进教室的时候,
学生们的性格就会完全变个样。
难道这不是事实么?

建议 30

为代课老师制订计划

那还是我第一年当老师的时候,有一次因为去参加一个会议,第一次不能给学生上课。当时,我还从来没有把这帮七年级的学生交给任何一位代课老师,对事情估计得过于乐观。我从来就没想到过自己不在的时候,这帮学生会出乱子。我自认为已经安排得滴水不漏了——为代课老师做了详细的课堂安排,甚至具体到每一个细节。我告诉学生们我要出差,一位代课老师将会临时来上一节课,后天我就会回来。此前,我的课堂管理体系一直运作正常,学生们清楚我希望他们怎么做,而且配合得相当好,我没有什么可担心的!天哪,没想到这真是大错特错!一回来我就得知,在代课老师的手里,这些"小天使"竟然全变成了"小恶魔"!那位代课老师甚至发誓再也不想看到他们了。她崩溃了,我也是。究竟是哪儿错了?后来我终于明白——最关键的一步被忽略了。没错,我完全忽略了学生们该怎么做。我发誓,下次再出差的话,再也不会让同样的事情发生。解决方法简单而又有效,我这样一步一步地安排:

◆ 首先,告诉学生们我要出差,希望他们接管课堂,并帮助代课老师上好课。我强调自己非常信任他们,一点儿都不担心出什么乱子;

◆ 其次,给每一个学生都分配了任务,比如,一个学生负责欢迎代课老师,并且告诉他讲桌上每一样东西的具体位置;一位学生负责一上课就向同学们分发"即时作业";一位学生负责在代课老师做好准备后,向全班做出"请安静"的手势,而且还要把这个手势教给代课老师,这样,需要时老师也可以使用这个手势;一位学生负责向代课老师解释每天固定的日程安排;再有一位学生负责收作业。我给每一个学生都安排了具体的任务。有一个同学的任务甚至是在下课时向代课老师送上一份小礼物,以表达他们的感激;还有一位同学负责在老师收下礼物后,带领全班同学鼓掌;目送代课老师走出教室后,所有学生的任务是一起说一声"谢谢";最后一位学生的任务就是提醒每一位同学都不要忘记说"谢谢"。好了,你可以想象这是一幅怎样的场景;

◆ 然后,临走的前一天,我还带领全班同学进行了排练,由我来扮演那位代课老师,学生们非常高兴。因为现在是由他们来管理整个课堂,帮助代课老师上好课。每个人各司其职,他们为此感到无比的自豪;

◆ 随后,我把每一个学生的责任都写下来,还给他们每个人都复印了一份。这样做是为了保证他们能互相监督,彼此提醒,谁也不会忘记自己的责任;

◆ 最后,我们还一起商定在我生病不能来上课的时候,这个方案依然有效。因此,我们还在壁橱里准备了一份额外的礼物。

结果呢,我一回来,就发现了代课老师一封长达两页的来信,她希望我以后再需要代课老师时,一定给她打电话。她还说,她从来没有亲历过这样的事,学生们是那样的善解人意,乐于助人!"你相信吗,下课时他们居然还为我鼓掌!长这么大还没有人为我鼓过掌。我走的时候,他们每个人都向我道了谢呢。"你看,学生们的任务完成得多好啊,就连老师都没有意识到这些其实都是事前排练好了的。

学生们争先恐后地告诉我,我不在的时候,他们把课堂管理得多棒。多少年来,这种方法屡试不爽。我把这个方法告诉了其他老师,他们也从中受益颇多。

你也试试吧,一定有效的!

教学规划小结

- 每天留出一部分时间进行教学规划和打分，不要受到干扰。请牢记如果一个小时完全投入地做事，效率要远远高于不断被打断工作几个小时。

- 经常提醒自己，接触孩子的好处要远大于教学带来的需求和挑战。

- 带着清晰的教学目标设计课程计划，其中课堂活动要力求最大程度地增加学生的兴趣和参与度。

- 保持条理清晰和充分准备，提供一个安全、舒畅和欢快的班级氛围供学生学习和成长。

- 精准记录学生的成长，找到学生的学习和行为模式，据此调整教学，并高效地跟家长沟通。

- 确保每节课你的学生都知道他们在学习什么以及为什么要学。

- 帮学生练习"代课教师日"，这样学生就能准备好帮助代课教师而不是逆反。

- 请记住，在课堂里准备得再充分都不为过。但是准备欠佳却总会出现问题。

第 3 章

授课指导

真实的感言

我实在不明白为什么要学这些没用的东西
你威胁我说如果我不努力学习就会考试失利
但是我真的想知道学这些知识的原因
这些知识让我感到厌烦、失望
所以我的内心总是充满反抗
当上课的铃声回响
我仍在白日梦中徜徉
于是我的学业荒废
我的成绩倒退
麻烦接踵而来
爸爸妈妈也开始因为我的情况而不自在
然而我已经被落得太远
即使快跑也无法追赶
明年,我可能还在这个年级,这个班
我亲爱的老师,请告诉我学习的终点
我要从今天开始大步向前

> 我们最大的光荣并不在于永不跌倒，而在于每次跌倒后都能爬起来。
>
> ——歌德·斯密斯，英国作家

及时改正错误

建议 31

新教师常犯的错误是他们害怕向别人寻求帮助，他们认为这样做别人会认为他们很愚蠢。新教师应该知道以下事实：

- ◆ 大家都知道新教师有很多东西还不了解；
- ◆ 老教师也不是什么都懂；
- ◆ 世上根本没有万事通；
- ◆ 看起来什么都知道的人实际上是在掩藏自己的一知半解。

人无完人，即使是最好的老师也会犯错误。能干的老师和不称职的老师的区别，就是前者知道如何及时改正错误。犯了错误的时候，他们勇于承认并且会尽一切可能去改正，然后继续做该做的事。而不称职的老师，总是千方百计地掩饰错误，结果往往是越抹越黑，也因此失去了学生的尊敬。

当你说了不该说的话，或者无心伤害了一个孩子的感情，或者讲错了什么内容的时候一定要立即道歉，并及时改正错误。承认错误，然后就不用再去想它了。这样做，你不但可以赢得同事、学生的尊敬，而且还可以教给学生这样一个道理：错误，如果处理得当，反倒会成为学习和成长的良机。

如果你不小心犯了错，

不要觉得自己有多大的罪过。
你应该承认错误并从中吸取教训，
你可以失败，但不应该一蹶不振，
勇敢地振奋你的精神！

延展阅读

《好老师可以避免的20个课堂错误》

深度解析日常课堂面临的挑战、司空见惯的教学错误，提出立竿见影地解决课堂教学和课堂管理的教学策略和操作方法，帮助教师从容应对严峻的课堂挑战，牢牢掌控课堂节奏，远离常范的课堂错误，摆脱教学困惑，信心百倍地开展高效课堂教学。

问题：学说话、走路、游泳和骑车的时候，你以什么为标准来确定起点？

建议 32

要因材施教

　　教育家们总爱问我这样一个相当陈腐的问题："我们应当根据怎样的标准来教学生？是按照他们自己的实际水平，还是根据整个年级的水平？"这令我莫名其妙。想想吧，咿呀学语的时候，难道你不是根据自己的实际能力开始的吗？这和别的孩子比你学得早或学得晚有什么关系？一定要等自己准备好了才可以，因为你根本不可能按照别人的水平来学习说话。也正因为如此，今天你才可以流畅地讲话。长大的过程中，你学会的任何一门本领都是如此，直到上学为止。上学后，事情开始有了变化：在你还没有准备好组词的时候，有人就可能要求你学会造句，对你而言，这怎么可能呢？如果你被强迫着做这些自己根本就做不到的事，结果就只有失败，照这样下去，只能是不断地失败。没有人可以按照别人的水平来学会自己的事，这是一个多么简单的事实。只有根据自己实际的能力，踏踏实实，循序渐进，我们才能一路向前，不断进步。

　　很多年前，我有幸认识了一位坚信必须对学生因材施教的老师。她在一所初中教书，当地人都很穷，学校里的孩子学习差，不服管教。班里全是留级的七年级学生——有的已经留了三次级。她的任务就是在一个学年里，同时给他们上七年级和八年级的课程，帮助他们备考八年级全国标准化测试。如果能够过关，他们就可以升到九年级。实际上，这些学生的成绩离七年级的水平差得很远。任务太艰巨了，很多老师都说这根本不可能。那么，这位老师是怎么做的？在短短八个月里，她是如何让那些连一个完整的句子都造不出来的学生，最后竟然可以写出一篇流畅的文章的呢？我们来听听她本人的答案："我一直都在因材施教。如果他们还造不出句子——按照年龄他们本该做到这一点了——那么我就教他们怎么造句。等他们学会造句，我们再开始学习写段落，最后是文章。我会确保每个人都始终在体验成功的感觉，这已经成为了一种习惯，一种固定的思维模式。"

"常理未必人人都懂。"我想这一点没错。如果所有的老师都能够根据学生的实际水平，而不是他们"应有的水平"来展开教学的话，所有学生的学习成绩必然会突飞猛进！

记住，我们是在教书育人，做好这份工作的唯一之道是：因材施教。

延展阅读

《好老师因材施教的12个方法》

在中国，"一刀切"式的教学方法普遍存在于课堂中，然而，每个学生特点各异，只有建立在了解学生基础上的个性化教学才能使学生受益无穷。

让我受益最多的指导，就是现场聆听老教师或同事们授课。我发现，原来一样的教学内容，竟然有那么多创造性极强、自己想都没想过的教学方式；原来，还有如此多样而又有效的课堂管理模式。当然，也有很多自己不喜欢，不想借鉴的东西。

观摩其他老师的课

大学毕业后，我直接去学校报到上班，我基本上全天在自己的教室里活动，我每天会遇到很多同事，但是从来没有听过他们的课，我曾多次向他们讨教，他们也都很愿意与我分享他们的教学妙招和智慧，但我从未亲身经历过他们处理学生工作的过程，后来有一天，我临时去教师委员会当班，他们的工作就是去附近的学校听观摩课，这是我从事教学工作以来第一次观摩其他教师的授课情况，这一次我的收获颇多，无论是在教师言行方面还是学术方面，我都学到了很多。

教学依然还是一个"孤立"的职业。大部分时间里，我们都把自己封闭在自个儿的教室里，而很少越过这个四角的天空，看看外面还有什么精彩的内容。但是，事实早已证明合作对所有的老师都大有神益，它可以使人更新思想，获得灵感。那么，我们为什么不多多尝试呢？很多时候，仿佛我们的好主意都被别的老师"偷走了"，所幸，这是个慷慨的群体，大家乐于共享经验，共同进步。问问你身边的老师，他们一学年可以有多少机会去听别的老师的课？答案可能是很少或者干脆就从来没有。如果你是一位老教师，不要只听你辅导的那些老师的课。

鼓励他们来听你的课，也听别人课。要知道，作为老师，我们需要给学生示范，那么，作为老教师，你也要给新老师做出示范。如果你还是一名新老师的话，请老教师给你安排听他（她）本人或其他老师课的机会。

从听课中学到的东西，一定会令你大喜过望。哦，也不要低估了自己，让指导你的老教师听听你的课，他也会从中学到很多有益的东西呢。

延展阅读

《终身学习：让学生在未来拥有不可替代的决胜力》

本书深入研究高效的教学策略，整合创新技术、教学实践和学习环境设计，创建具有包容性的学习环境，建立以学习者为中心的考核方式，赋予学生自主安排学习时间的权利，让学习者所在的学习体系具备互动性、多样性、相关性、适应性、连贯性以及平衡性。

讲啊，讲啊

讲啊，讲啊，教啊，教啊，
如果你合上嘴，我会学到更多；
求你别说了，让我自己来！

切忌只讲不练

家长：今天你在学校学到了什么？

孩子：老师教我们游泳。

家长：老师跟你们一起游泳了？

孩子：没有，他教给我们很多游泳方面的知识。

家长：那你现在会游泳吗？

孩子：不会。但我知道很多游泳方面的知识，不信你可以考考我。

家长：我不想考你游泳知识，我只是想问，你现在会游泳吗？

讲课是指导学生效率最低的方式之一，但它的使用频率却是最高的。为了把这一点弄得更清楚，让我们想象一下你正在学习一门新技巧——游泳。教练让你和其他的二十名初学者围坐在游泳池边的一张桌子边，然后讲解如何游泳，而你们在认真地记着笔记。你们一字不漏，因为教练本人就是一位游泳健将，他说的话怎么会有错呢？说到游泳，他可是无所不通！他讲得好，你们也记得全。事实上，他还跳进了游泳池，亲自做起了示范。然后，你把所有的东西都背了下来，参加了考试——一次笔试你的考试成绩名列前茅。好，现在，你就成为一位游泳健将了，对不对？如果你认为这一切荒谬透顶，那么，恭喜你，你的判断是正确的。光听游泳课，我们学不会游泳；只有下水游，才可能学得会。同样地，光听驾驶课，也学不会开车；只有动手开，才有可能开起来。生活中如此，课堂上亦然。当然，这并不是说我们不需要任何一个上课的地方，但是光听课，我们绝对学不到任何实际的东西。大作家们并不是因为听了若干堂课，背会了所有的条条框框就成了名；同样，伟大的历史学家也不是听了听课，背诵了一些历史常识就功成名就，相反，是因为他们能够投身到实际的研究中，真正在历史的长河里徜徉。常听到有人说："实践出真知"，我还从没有听说某某人光靠听课就学会了一切。或许，是我运气太差，一直都没有听到这样的课？

一味地讲课常常使学生觉得倦怠，如果你想让学生学到真本事，你应该把学生融入讲解的内容之中。

延展阅读

《老师怎么教，学生才会提问》

让学生学会提问，开发学生更深入思考的技能，就像给课堂带来了一次哥白尼式的革命，将会提高学生的学习动力，培养学生的学习自主性，彻底改变课堂氛围，并将最终提升教学效果。

很少有人把自己的成功归功于课本，绝大多数人认为教师的影响是他们成功的主要因素。

切忌照本宣科

不，我不是说从此就可以扔掉教科书了。想想看，不用教科书的老师还真是寥寥无几。教科书是我们相当宝贵的教学资料，不过，关键的地方在于——它们仅是资料而已。不久前，我在员工休息室里听到有人这样讲："要换新教材了，你信吗？哦，不行，我可教不了这个。我还得用现在的教材，绝不会因为换书就去重新备课。而且，新教材里内容太多了，一学年根本就上不完。现在的教材可是刚好够讲上一年的。"这让我想起了另一位老师。开学第一天，他就让学生们把书塞到了屁股底下，然后说，"好啊，现在我们就已经'覆盖'了整本书的内容。"但是，这并不意味着他完全抛弃了教材里的内容。实际上，他仍然会使用其中的一些相关内容，只不过是把它们用作了教学的必要补充。他根据学生的实际情况来安排教学，完全不受教材的左右，我们应该向他学习。根据不同的内容要求和水平，大多数学区都有自己的课程设置和安排，要求老师们贯彻执行。事实上，没有哪本教材可以和某一个学区的课程完全匹配。但是，学区在选择教材的时候，还是尽可能选择那些与具体课程密切相关的教材。但是，老师们往往会误把教材当作课程规划，亦步亦趋，循规蹈矩。他们把教材内容从头到尾一点不落地讲给学生，却忽视了这门课程的根本目的。优秀的老师能够按照课程要求，选择最好的教学资料进行教学；而能力差一点的老师就只会依葫芦画瓢：讲什么，什么时候讲，提问什么问题，学生们该怎么作答都要按照教材来，分毫不差。甚至连考试的形式和答案都照抄不误。那么，你不妨问自己一个问题："如果下周还给学生发这周的这份卷子，他们能及格吗？"如果答案是"否"，你就仅仅是完成了教材里的任务，而没有进行真正的教学。事实上，你不过是临时把教材里的东西"借"给了学生，到考试时，他们再"还"给你而已。

教材仅仅是一种教学工具，一种教学资源。再问自己一个问题："如果上课时把所有的教材都拿走，我的课还能进行下去吗？"如果答案是"否"，你对于教材的依赖就太大了。记住：教材仅是资料而已。我们教的是学生，而不是教材本身。

仔细想想你就知道其中的道理，如果课本可以取代教师讲解，那么教师就没有存在的必要了。

延展阅读

《教学可以很简单：高效能教师轻松教学7法》

著名教育家罗宾·杰克逊指出，优秀的教师不仅能让学生轻松地学好知识，而且也能让自己轻松起来。她无私地分享了高效能教师轻松教学7法，教你做一名有智慧的"懒教师"。

如果人人都有良好的沟通技巧，我们也就没什么社会问题了。

传授社交礼仪

不要把什么都想当然！不要以为学生入学时人人都会像绅士或淑女；不要以为学生们总是是非分明；不要以为学生们彼此会相处融洽，合作愉快；也不要以为在和别人交谈时，学生们知道该如何正确地用眼神与对方沟通。个别学生会，但大部分对此一无所知。常听人说，家长应该负责孩子的社交礼仪，对此我毫无异议。但是，有些孩子可以从父母亲身上学到一些礼仪，也有相当一部分孩子学不到，这也是事实。如果自诩是"教育者"，那我们就要给孩子们全方位的教育。那么，如何见缝插针地讲这些呢？课程本来就够满的了。首先，我们要以身作则，这不需要任何时间，然后将所需的礼仪技巧恰当地融入到所教的每一节课中。我认识这样一位老师：她总是不停地抱怨学生没有礼貌，也不知道彼此该如何相处。我问她有没有在上课时穿插一些礼仪技巧时，她说："没有啊，这不是我的责任。"一听课，我就发现她不仅没有在课上向学生传授任何类似的技巧，而且，她自己也没有起到应尽的示范作用：粗嗓门，肢体语言欠佳，从来不使用"请"或"谢谢"这类的礼貌用语，而且她的课也实在是乏味之极。如果学生们各顾各的，彼此间缺乏交往，如何能学到社交礼仪呢！好奇心作怪，我刻意观察了一下这些学生在其他老师课上的表现。猜得到吗？他们规规矩矩，没有任何不良表现。第二位老师是这么做的：

◆ 在教室门口迎接学生的时候，展示了相当好的礼仪风范；

◆ 对待学生礼貌而又亲切；

◆ 经常向学生道谢；

◆ 小组活动发出指令的时候，她会不时地花上几分钟时间告诉学生怎样做才是恰当的行为；

◆ 开展课堂活动的时候，她会经常让学生们加强合作。

类似的例子不胜枚举。但关键之处是，她的所作所为与前面那位怨气连天的老师截然不同。那么结果呢？在她的课上，学生们的表现自然也完全不同。

我又找到了先前那位老师，和她这样说："我们来做一个实验吧。我想这些学生的社交礼仪可能还欠缺一些，如果你愿意试一下的话，我想我能帮助你扭转局面。""可以，我愿意尝试任何方法。"她答应了。我给了她一张表，上面列出了另外一位老师的课堂行为，希望她能做到以下五点：

1. 每天都在教室门口高高兴兴地迎接学生，即使是不高兴，也要装出来；

2. 柔声说话，语气亲切，不轻易发火；

3. 每一次学生们表现得很好时，都向他们衷心地道谢；

4. 在任何一项活动开始之前，都向学生讲清他们怎样做才是恰当的；

5. 加强学生与学生、学生与老师之间的交流。

我们说好我会连续听她五节课。每次下了课，我都和她一起讨论学生们有没有什么积极的变化。到第五天的时候，她和学生们全部都焕然一新。她没有说这样的话——"谢谢你帮我让学生规矩了一些"，相反，她明白了正是自己的表率和示范作用，以及和学生相处的方式，才让事情有了根本的变化。

请学会以身作则吧，你会从学生身上看到意想不到的效果！

如果你总是喜欢挑学生的缺点，那你也只能看到学生的缺点；如果你能看到学生的优点，哪怕只看到一个，那么学生也会大大的不同。

建议 37

关注学生的优点

　　找出两个你最难教的学生，想想他们的一切，然后请你分别列出他们的优点和缺点，我预感你列出的缺点一定多于优点。但是要知道，一次成功孕育着下一次成功，所以我们需要转换一下思维，着重关注一下他们两人的优点。有一次，一位老师不停地跟我说，有三个学生让她焦头烂额，痛苦不已。我请她告诉我这三位学生的优点，她说："他们三个简直就没有任何优点。"然而，事实却是每一个学生都有许许多多的优点。有时候，这些优点需要我们去寻找，去挖掘，但毫无疑问，它们的确是存在的。像往常一样，我在这位老师上课时，仔细观察了那三个学生的表现（碰巧都是男孩），然后我又跟着他们一块儿上了另一位老师的一节课，没想到，他们三个竟然像是完全换了个人。我决定跟这位老师谈谈。我请她告诉我每个孩子的情况，并列出他的优点和缺点。这位老师做了如下的评论："温迪尔非常有礼貌，课堂内容对他来说的确难了点，但他一直在尽百分之百的努力。他有着出众的领导能力，还有一颗金子般的心，书法棒极了，作业总是非常工整，而且，他还是一个很好的听众呢。"对另两个男生的评价也是如此——更多地关注他们的优点而不是缺点。随后，我又问她，温迪尔学习起来有些吃力，她又是怎么帮他的。老师答道："我给他开小灶，他乐于学习，又有决心，所以很快就能赶上来。在班上，我还给他分配了许多任务，因为他总是能非常好地尽到自己的责任。我尽力帮他在每一天都有所收获，他的进步是有目共睹的。"

如果你想让学生取得成功，那么请关注他积极的方面，就是这么简单。

延展阅读

《万人迷老师养成宝典》

他们之所以成为优秀的教师，是因为他们拥有七个简单的秘诀。这七个秘诀让一个平凡的老师充满魔力，成为一个校园里的万人迷。

合 作

人们一起工作时

他们可以打算得很具体

工作强度变小了

成就感却增加了

他们的笑容灿烂

他们面露轻松

因此，你应该告诉孩子们合作的重要性

你会很快看到合作结下了累累硕果

允许和鼓励学生互相帮助，一起学习

人们已经做了很多关于小组学习效果的研究，这些研究的结果是相同的：能够与别人共同学习的学生可以掌握更多解决问题的技巧，掌握更多社交礼仪，而且进步非常快。那么，为什么那么多老师，不论教什么年级，都很少让学生们在彼此合作的氛围下共同学习呢？这仍然与课堂管理有关。我向老师们提了一个问题："你们为什么不在课堂上多开展一些让学生共同参与的活动呢？"得到的回答基本上是这样的：

◆ 我已经试过让学生们一块儿学习了，但是他们彼此相处不好；

◆ 我把学生分成不同的小组，但是所有的任务通常都是由一个学生自个儿完成；

◆ 学生们水平不一样，那些差生会拖了尖子生的后腿；

◆ 小组学习等于一片混乱，我希望课堂上能够一直井然有序；

◆ 学生缺乏小组学习所需的社交技巧，他们没法一起学习；

◆ 有一次我试过让他们小组学习，但是学生们很快就吵了起来；

◆ 我喜欢安静的课堂，我不愿意把学生们分成小组，那样的话，他们会交头接耳。

注意到了吗？在上面所有的答案中，老师最担心最突出的问题是秩序、安排、吵闹声、不专心等几项，所有这些仍然与课堂管理有关。是的，这些担心都可能会变成现实，但是，如果小组学习是在一个管理得当的学习环境中进行的，这些担心就纯粹是多余的。关键的问题依然是有效的管理。在这里，我们不可能彻底地为小组学习正名，但是我仍然希望能够找到成功的小组学习所需的必要前提，鼓励那些读到这条建议的老师，熟悉它们，并且在自己的工作中运用它们。

简言之，真正的小组学习是这样的：

◆ 根据不同的性格特点和能力水平，把学生分组；

◆ 小组中的每一位学生都有自己特定的任务；

◆ 事前将所有的活动都安排得一丝不苟；

◆ 向学生讲述什么是正确的行为举止，给他们示范并让他们练习；

◆ 争吵声应该掌握在可控制的范围内，吵闹也必须受秩序的约束；

◆ 不管学生的水平如何，都必须进行创造性地思考，并和他人合作解决问题，就像在现实中一样；

◆ 从第一天起，就必须清楚地确立组与组之间进行互动的程序；

◆ 学生们集体参与小组任务，每个人都贡献智慧。

记住，在开展任何类型的小组学习活动之前，都必须确保课堂管理正常运行。人们常说，反对鼓励学生进行互帮互学的老师，事实上也从来不会鼓励学生彼此合作，生活就是与别人的合作。我们无法期盼学生在进校的时候就已经具备了所有与他人合作所需的技巧。因此他们需要我们，而我们的任务就是当好这位引路人。让我们担当起自己的责任吧。

你的学生知道他们该怎样合作吗？如果不知道，现在就行动起来教他们吧！

我们为什么要学习这些知识？
"我们为什么要学习这些知识？"
学生茫然地问
他们的不知使他们重复着这样的疑问
学得再好的人也会有这样的疑问
如果你能把你教的知识更加生活化
他们就可以成功地理论联系实际
这就不会有上面的问题

建议39

将课堂内容与现实生活相联系

亚里士多德说过："所有的知识都是彼此相关的。"换句话说，在学习任何新知识之前，我们必须先从已有的知识中找到一些与之有关联的东西。对我们而言，只有某项工作有意义，我们才会去做；如果毫无意义，我们肯定连想都不想。学习那些与生活毫无关系的东西有什么用呢？我常常听到学生们说他们"讨厌"英语或者"讨厌"阅读。但是，还没有遇到过任何一个在最喜欢的快餐店看菜单或收到朋友的便条时，依然"讨厌"英语的学生。为了把这个说得更清楚一些，让我们来看看大部分人在课堂上的一次经历。我们都曾经学过"名词"这个概念，学习方式大概也差不多。回忆一下，这堂课是不是这样上的：老师让我们拿出英语课本，翻到第27页，页面顶端的题目是"名词"，题目的下方，是红色或蓝色字迹的定义，内容是："名词就是为人、地点或物命名的词。"然后，老师让我们列举不同的人、地点或物，并再把它们归类。接下来，完成练习一，用下划线把名词标出来；再接下来，完成练习二，自己造句，并找出其中指人、指地点或指物的名词。最后，老师留家庭作业，星期五考试，听起来，是不是相当熟悉？实际上，这种经历太相似，所以不论是在哪里学习，想起来时我们都会有一种相当害怕和抵触的感觉。照这样，孩子们"讨厌"英语何奇之有呢？除了周五考试要及格，这和他们的生活有什么关系？这节课，与实际生活没有任何联系。

现在，我们换一个完全不同的场景，它不需要任何额外的时间或工作，除了一点常识。一上课，老师就这样导入："现在什么都不用拿。安吉拉，告诉我昨天你做的一件事，不过讲述的时候，请不要提任何人、地点或任何物。"安吉拉开口说到："我哥哥……"老师立即打断了她的话，"哦，你哥哥是一个人啊。""去了商场……"安吉拉接着说。"等等！商场是一个地方！"老师再次打断了她的话。可怜的安吉拉面带难色，说不下去了。老师又让另一位同学来完成同样的任务。没过几秒钟，他也一样放弃了。然后，老师告诉大家："看到了吗？如果不提人、地点或物，我们就不能表达任何意思，对不对？好，现在请你们每个人都造一个句子，句子中不可以提到任何人、地点或者事物。"学生们开始忙活的时候，老师来回走动，让学生再把句子中所有指人、地点或物的词划去。大家都完成后，把自己写下来的东西读给全班听。蒂姆的句子是这样的："一个……它……这个……在……里面……这……"同学们都被自己的句子逗笑了，意识到如果没有人、地点和物的话，写出来的东西毫无意义。老师趁热打铁："看到了吧，没有人、地点、物，我们就没有办法说话，没有办法写东西。这些指人、地点或物的词就叫作名词。"接下来，老师和同学们进一步讨论了名词的重要性。你有没有看出来这位老师是怎样让学生理解课堂内容与实际生活之间的联系的？这就是上课，这才是教学！

再回想一下自己的教学方式，你可能会认为不时地在课堂内容与实际生活间建立某种联系，似乎太难了。这还是由于从来都没有人向你们做过相应的指导。作为老师，我们怎能期望学生们"生吞"那些他们根本就找不到一点意义的东西？如果你在教学中遇到一些与生活毫无联系的内容，干脆就把它从课程设置中删除吧。

知识联系实际才更能显示出它的魅力。

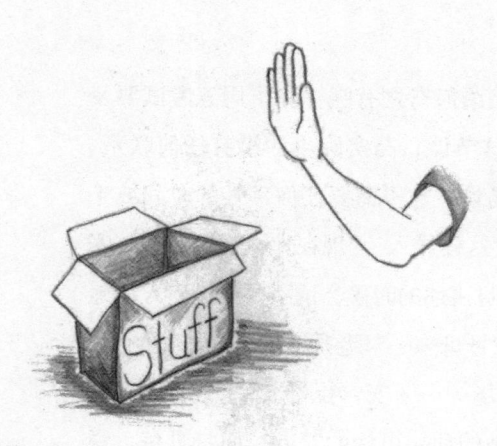

> 如果我们用昨天的教学方法教育今天的孩子，我们就是在剥夺孩子们的明天。
>
> ——约翰·杜威
> 美国教育家

在课堂上高效地运用科技手段

科学技术毫无疑问是当今世界的主流，已经渗透到我们生活的方方面面。几乎听不到教师会说："我不擅长使用当今的科技手段。"听上去就像"我不擅长教现在的学生。"一样，是不可能的。因为现在的学生已经被科技包围了，不只是电子游戏和智能手。如果我们要教现在的孩子们，让他们准备好迎接未来世界，就一定要不断学习正确地使用科技手段，并高效融入我们的课程讲解中。

下面列出了高效能教师融入课堂的一小部分科技手段：

◆ 建设一个班级网站，分享班级每天发生了什么，在网站上跟家长互动，把未来要布置的作业和活动信息发布在网上。这将产生无限可能性。

◆ 创建电子版教学抽认卡。

◆ 用可视电话跟世界上任何一个地方的学生联络。

◆ 使用在线工具绘图、制作地图、创建规则和绘制思维导图。

◆ 使用免费在线软件，让学生在上面写故事，上传电子信息、视频和问题讲解等。

◆ 使用所有学科的免费在线学习游戏。

◆ 让所有学生参与到在线学习目标设置并记录学习进展。

◆ 利用虚拟操作软件讲解数学原理。

◆ 利用在线交互式分层图书，给不同阅读水平的学生提供练习。

◆ 在任一学科制作游戏（使用在线软件），用于回顾、反思、或前期调整学习内容。

◆ 给学生布置网上作业，做PPT演讲展示，开展网上调查。

◆ 使用用于帮助学生学习的免费学科在线游戏。

◆ 使用免费在线班级投票系统。

◆ 允许学生写博客和上传播客节目。

◆ 使用在线留言交流。

◆ 给学生演示如何使用电子笔记。

◆ 浏览虚拟博物馆。

◆ 在网上进行虚拟旅游，去地球上你想去的任何地方，甚至遨游太空！

延展阅读

《以学生为中心的翻转教学11法》

当学生越来越优秀，教师的水平日新月异之时，配套的教学方法也应该随之进步。优秀的教师会根据新课程标准进行调整，翻转你的课堂，开始以学生为中心的教学模式，培养学生主动学习的态度、获取分析和解决问题的能力、形成完整健全的思维。

一个孩子的一天

上一整天学,写完作业才能玩;八点要上床,天刚亮就爬起来——不能迟到!

今晚躺在小小的床上,让我许个自私的愿望:

求求你,太阳公公,明天多待一会儿吧——我,我想玩会儿。

——安奈特·L·布鲁肖

作业不要过量

我常常听到家长抱怨孩子的作业太多,也常常听到孩子抱怨老师又留了那么多作业,还常常听到老师抱怨学生们总是不能按时交作业。一个学生通常都有好几位老师,他们都会留作业。如果一个学生有六位老师,每位老师都留大约二十分钟的作业,那么,就算是做起来没有困难的话,要写完也得两小时。假设他早上七点半出家门,下午四点回来,且回家后立即开始写作业,他还有什么玩的时间?作为一个孩子的时间又哪里去了呢?别忘了,很多学生放学后,还有别的活动,这些活动也要花去大量的时间。那么,父母亲不高兴有什么奇怪呢?很多孩子不能按时交作业有什么奇怪呢?

我不是反对家庭作业,但是,俗语说得好:"适可而止。"孩子们已经在学校里呆了七八个小时了,放学回家再给他们更多的任务有意义吗?我始终认为,如果我每一节课都能充分利用时间,督促学生们课上好好努力的话,就不用让他们写作业到深夜。事实上,有些老师只是偶尔才给学生留作业。人们已经对"家庭作业"这个话题做了很多研究，但争议依然存在。学生们需要作业吗？作业对学生的提高有益吗？做作业能培养责任感吗？做作业会影响学生的成绩吗？太多太多的问题，研究也因此而无休无止，到今天为止，依然没有最终答案。

我不反对教师布置家庭作业，但是我有如下建议：

1. 家庭作业的量应适度；

2. 你给学生安排的家庭作业应该是有趣的；

3. 许多教师威胁学生说如果他们没能完成家庭作业就惩罚他们再做一遍，这样的老把戏其实并没有什么效果，如果他们第一次没有完成，他们也不愿意完成第二次；

4. 请记住：不是每个学生的家长都愿意辅导孩子做家庭作业；

5. 教师的工作是教育孩子，孩子有童真，因此我希望教师的心中也保留一份童真，如果我们能做到这一点，我们会更开心、更轻松。

延展阅读

《优秀教师一定要知道的17件事》

教师就是设计师，课程就是地基。学生进入这座建筑，让它充满生机和意义。每位教师都有影响力，优秀的教师可以创造奇迹。

> 这个上午，我的心因为欢乐而歌唱！奇迹发生了！理解力的光芒终于照耀到了我那个学生的小小头脑之上，看呐，一切都变了！

建议 42

给学生做示范

安妮·莎莉文老师如何仅以一己之力就挖掘出了一个看不见、听不到又说不出的女孩的巨大潜力——这个女孩就是海伦·凯勒——这实在是匪夷所思。她是怎么开始的？在她身上，有着怎样无尽的耐心？答案是——从一开始，她就下定决心来发掘潜藏在这位奇女子身上那种倔强的精神、无边的智慧，深邃的思想和宽广的感情，以及别人无可企及的天分。不用讲课，也勿需留作业，莎莉文老师就这样实现了她全部的目的。她的秘诀是每教一点新东西，都会不停地示范，而小凯勒就跟着一遍一遍练下去，直到自己可以独立完成为止。所幸的是，我们没有几个人会遇到像凯勒这样给我们巨大挑战的学生，但我们依然要像莎莉文那样，每教一门新的技巧都给学生做出示范。"耳听为虚，眼见为实"，只有亲眼看到了具体的示范，学生才有可能理解相应的概念。有意思但也相当不幸的是，老师们经常忽视这一点。他们讲一讲，学生们听一听，剩下的就是学生们独自摸索了。从未见过究竟该怎么做，又怎么能摸索得出来？这里有一个很具普遍性的例子：一位老师正在教学生们写一个描述性的段落。首先，老师讲解了描述性文章的基本写作方法，然后他们一起找了些描述性的词汇，接着，他讲了讲大致的写作步骤，最后，出了个题目让学生自己练习。注意，这位老师始终都没有真正为学生示范过写作过程。实际上，学生们需要看到这个过程，需要听到老师如何边想边说，为他们具体示范一下写作时思路的发展和演进。而且，他们还需要当堂一起来思考，一起完成一篇范文。这样的话，等到学生独立开始写作，他们就有规可循，心中有数。想象一下我们教一个人游泳，却不给他演示怎样闭气；教一个人骑自行车，却不给他演示怎样保持平衡。这样荒谬之极的事，却每天都在我们的课堂上上演。教学，不管什么形式，都需要示范。

示范，示范，示范！等到"理解力的光芒"同样照射在你的学生的头脑中时，一切都将变得不可思议。

延展阅读

《如何更好地教学：优秀教师一定要知道的事》

涵盖了优秀教师需要知道的每一件事情，它聚焦每一位老师最关心的话题，在如何管理最难管的班级、如何运用最优教学方法、如何设计最实用的课程、如何评价学生的成绩、如何激发学生的潜能等方面，教给你很多传统教学课堂无法传授的实用技巧，帮助你完成平凡而伟大的教育使命。

学生们在玩耍中学习知识，所以每天与孩子们一起玩耍也应成为一种坚持。

建议 43

寓教于乐

有一次，我为一些高中老师和大学教职员工做了一个关于如何改善教学效果的讲座。讲座结束之后，一位大学教授主动发言："进来得知今天要进行的活动时，我差点就马上出去了。那会儿我以为这些还相当'初级'呢。但是，参加了这些活动，我感到很快乐，随后意识到，如果我快乐的话，那为什么不让学生们也快乐一些，为什么让他们一整天都坐在那里，除了听课就是听课呢？没准儿这样上课我也会很开心啊！"一位高中老师热情地补充道："每天我都和学生们一起进行这些'初级'活动，他们非常喜欢！"我问她，她说的"初级"活动指什么。她解释说，上课时她经常会安排一些类似于小组学习、集体游戏、抢答或小组讨论这样的活动，讲课的时间反倒很少。"学生们非常喜欢上我的课，因为他们很开心，而且还能不断地体验到成功的感觉。"后来，我们又进行了一些相当有趣的讨论，大家一致同意，只有在感到开心的时候，学生们的学习状态才最好。"大人也一样！"一位与会者补充道。

我经常会遇到一些这样的老师，他们认为教和学都应该是"严肃的事情"。上课时，他们表情肃穆，课堂气氛紧张，学生烦不胜烦，纪律问题自然在所难免，这对激发学生的兴趣毫无益处！事实上，只有在有趣、生动和令人愉悦的学习环境中，学生才能学到更多的东西。

有些老师总是不愿意让学生们开开心心地上课，担心这样会引起纪律问题。这是一个极其错误的想法，"开心"和"局面混乱"可不能画等号。局面混乱是一个课堂管理问题，课堂管理得当，局面就不会混乱。优秀的老师深知，在良好的学习环境中，课堂管理井井有条，学生们热爱学习，上课和各项活动全都一丝不苟。而且学生非常享受这样的学习过程。没错，他们真的很开心！

记住：严肃地对待教学和严肃地进行教学是完全不同的两码事。所以，放轻松一些，让你的课堂多一些激情，看看学生会取得怎样的进步。他们喜欢学习，而你喜欢讲课，各得其乐。

延展阅读

《优秀教师的课堂艺术：
唤醒快乐积极的教学技能手册》

100多种技巧方法，促进学生爱上学习，改善课堂教学成效，创造一个信任、积极、快乐的学习环境，激发教师工作正能量。

> 我听说了，然后又忘记了；我看到了，于是记住了；我动手做了，才明白了其中的道理。
>
> ——中国谚语

鼓励学生积极参与课堂活动

想象一下如下的课堂情景：你是来听这节课的一名学生，这天与平常没什么两样。你走进教室，坐在自己的课桌旁。老师让你打开课本。老师开始讲课，你开始做笔记。你开始读一篇课文，然后回答后面的问题。回答完了，再做课堂练习。在词汇表中查了二十多个生词，这些词，还有笔记，都必须在周五的考试前记住。老师一直讲个不停，而你坐在那里一动不动。老师希望你集中注意力，表现出很大的兴趣，还有掌握全部的课堂内容。好了，现在想象一下，一年里有一百八十个日子，你都要这么一成不变地度过！然后，请你回答如下的这些问题：

- ◆ 在以上的描述中，老师"教"的地方在哪里？
- ◆ 一个学生可以"一动不动"地坐多久？
- ◆ 学生"做"的那部分在哪里？
- ◆ 学生们独立思考和解决问题的地方在哪里？
- ◆ 读课文，再回答课后问题能不能让学生学到更多的东西？

现在再来想象另外一幅场景：你还是一名学生。每天走进教室，你都不知道等待你的将会是什么，因为每一天都有所变化。最近，你们正在投入地学习"美国内战"，师生一起进行了很多探讨。每一次的课堂讨论都热烈而又有秩序，学生们积极参与，主动发表自己的意见。

今天，老师把你们分成了若干个小组，每个小组的作业各不相同。你们需要从不同的角度把自己关于内战的想法写下来。老师讲解了要求，并亲自做了示范，你们已经非常清楚各自的任务。有的小组要从一位联邦的士兵角度进行考虑；有的小组的视角是一位奴隶主，有的则是一位奴隶；还有的小组考虑的是一位士兵的母亲。完成作业的过程中你们必须独立思考。活动过程中，老师会与每一个小组进行互动。然后，所有小组都要向全班报告自己的研究成果，朗读自己的小作文，大家还要一起就这个报告做个简单的讨论。现在，你一定看出这个场景与上一个之间的区别了吧？那么，你有没有发现，在第二个场景里，学生们积极参与，兴趣浓厚，收获丰厚，没有一丝无聊的迹象？你愿意去上哪一节课呢？

让我们重新表述一下上面的那句中国谚语："课堂上听到的，总是左耳进，右耳出；看到的还会有一些印象；但是，当我动手的时候，我学会了，记牢了，因为——我懂了！"让你的学生动手吧，别让他们痛苦地忍受那漫长的几十分钟！

延展阅读

《快速调动学生参与的99个方法》

老师们，您还在课堂上唱独角戏吗？您提出的问题依然如泥牛入海空谷回声吗？如何提高课堂参与度，让学生都积极投入学习？99个调动课堂气氛的好方法迅速赶走枯燥，让每个学生积极参与互动，爱上课堂！

学生究竟学到了什么

做笔记，背答案，学习单词
　在大多数课堂上，我们看到了
　这样的解释
　如果学生做到了以上三项
　他们就可以顺利升入新的年级
家长也会如释重负，不再着急生气
但学生究竟学到了什么？
他们知道吗？
如果老师让他们考虑这个问题
他们会努力思考
然后用学到的知识展示自己
　　　　　——安奈特·L·布鲁肖

建议 45

让学生独立思考

最近，我在一位朋友的家里遇到了一个小男孩。职业习惯使然，我跟他聊起了上学的事。他兴奋地告诉我自己最喜欢的科目是数学，而且还熟记了所有的乘法法则。于是我开始考他，当然，每次他都算得非常准确。比如，我问他四乘以四等于几，他立刻回答十六。我接着问，这是什么意思？他又说了一遍"十六"。然后我明白了，这个孩子一点儿都不懂乘法的实际意义。我立刻"好为人师"，给他上起了课。先给他解释了乘法这个概念，他说："哦，这就是它的意思吗？你是不是说如果每组有四个人，一共有四组，就相当于四乘以四等于十六，我可从来不知道这个！"他立刻抓起一副扑克牌，把它们分成四组，检验起他的乘法法则来。后来我一直跟他呆了两个小时，和他共享这份热情，完全忘记了来拜访的那群大人。但是，这没有关系，因为所有的老师都知道，孩子头脑中的那盏灯一旦被点亮，就再也不会熄灭！

我想说的是，我们的老师常常会想当然。一旦学生知道某个答案，或者背会了某个知识点，我们就认为他懂了，但是事情通常不是如此。知道某个知识点和用它来独立思考解决问题完全是两码事。

我依然不会忘记，自己终于弄明白为什么要花那么多时间来分析句子成分的那一天。在这之前，我已经能很好地分析句子了，但却从来没有彻底明白这样做的目的所在。然后，就在那一天，那盏灯亮了，我终于明白了——真不敢相信自己从前竟会错过这么精彩的东西！所幸，我没有迷失太久。从那以后，对于语言学习我有了一个全新的认识。

独立思考的过程中需要解决一些问题，这有助于真正理解某个概念。想想看：成人之后，我们掌握了多少次有美国参与的战役？但是，如果你不是一个战争迷，恐怕只会是课堂上学一学，背一背，过后就忘记了，生活里才不会用到这些东西呢。但是，更重要的是那些战争背后的东西，比如，战争是为什么和怎么开始的，美国又是为什么和怎么参与其中的，人民的生活受到了怎样的影响，它又如何影响到了我们今天的生活等等。

教学过程中，我们应尽力避免向学生一点一点地灌输什么事实，相反，鼓励他们独立思考才是正道。这种思维方式能够激发学生的兴趣，鼓励他们更加深入地钻研，从而使他们永远都对一切充满好奇。

延展阅读

《杰出青少年构建内心世界的5个坐标》

满足与幸福的果实，就在明确而坚定的人生坐标的种子里。

通过笔试来判断一个人是不是游泳好手，这有意义吗？

建议 46

评估方式要合理有效

　　什么是评估学生成绩的最好方法，至今在教育界仍然备受争议。现在，我推荐给你一个无需研究，也绝不会引起非议的方法："真实"评估法。"真实"一词的含义是"现实的，有效的"。因此，"真实"评估法也就是一种来确认学生是否已经真正掌握了某种技巧的有效方法。至于上面的那个问题，稍具常识的人都会知道，通过笔试来考游泳荒谬之极。我们教给学生的技巧也是如此，如果要考察学生是否掌握了某些词汇，让他们说出这些词的定义毫无用处，他们必须在实践中使用这些词汇。如果考察科学方法的掌握情况，仅仅让他们写出一个科学方法包含的步骤同样毫无意义，他们必须在指定的实验中运用这些方法。同样，考察阅读理解，仅仅让他们回答一些有关本周以来的阅读材料的问题也无济于事。要想看到学生是否真正具有了阅读理解能力，必须给他们一篇陌生的文章。

　　如果你想知道某人是否会做饭，那你就得让他亲自做点什么出来。这是常理。所以，请把这种逻辑运用在你的课堂上。

　　先确定评估的内容，再通过一个合理而又有效的方法展开评估，只有这样，你才能得到准确的结果。

重复，重复

重复，重复，每天的重复
我的头脑已经觉得索然无味
它已厌烦，它已疲惫
如果日常的课程能有一些变化
我一定会精神焕发
让我参与，给我惊奇
我已经不再想要逃离

——安奈特·L·布鲁肖

教学手段要多样化

迷恋未知的事物，这是人类的天性。孩子们更是如此，他们喜欢那些总能带来惊喜的老师。但是要清楚，我们这里指的是教学手段，而不是课堂管理手段。课堂规程和秩序——如何走进教室，什么时候集中注意力听老师讲课，怎样交作业，怎样申请发言，消防演习时该怎样做等等——这些事情里可绝对没有任何"惊喜的成分"可言。相反，它们必须始终如一，不能引起任何误解或混乱。但是，说到教学手段，你尽可以别出心裁，独树一帜。谚语说得好："变化是生活的调味剂。"优秀的老师深谙此道，总是能利用一切有利于教学的新手段来吸引学生的注意力。

依然还记得那些日子，我们整日呆坐在教室里，面前唯一的变化，就是日历上的日期。天天如此，年年如此——走进教室，打开课本，然后老师讲课，学生记笔记，然后——你自然知道接下来的是什么。有一次，我问一个初中生他最喜欢的老师是谁。他说："卡特老师的课总是那么棒，因为我们从来不知道他会让我们做什么。有时候，一进教室，就看到他穿着课文里人物的服装；有时候，他一边让我们赶快进教室，一边大声地喊：'孩子们，今天我为你们准备的东西简直令人难以置信！'他精力充沛，他能让我们一直动起来，他上课时总有一些出乎意料的东西，而不像其他老师那样，只会坐在那里讲啊讲，烦死人了。每个人都喜欢卡特老师，最调皮的孩子在他的课上也乖得很。"

　　这个孩子的话是不是道出了实情？不过，更有意思的是一位五年级学生这样描述她"最喜欢的"老师，以及丰富的教学方式的重要性："巴顿老师就像是鸡肉，不过是很好吃的那种。""这是什么意思？"我问她。"哦，我先来告诉你不好吃的鸡肉是什么样。上有的老师的课，就像是吃一份又老又硬的鸡肉，每天都如法炮制。就算是第一次很喜欢，吃多了你也会腻。但是，在巴顿老师的课上，鸡肉有时候是炸的，有时候是烧烤的，有时候是烘烤的，有时候是鸡汤，还有时候是鸡块。不管是哪一种，烹调方法都很棒。我们喜欢，所以吃得就很多，但从来都不会腻，总是有新花样嘛。""哦，"我想，"原来这样，真是童言无忌啊。"

　　变化一下你的教学方法。试试有激情的导入，启发人的讨论，吸引人的抢答活动，还有各种能够激发学生积极参与的活动等等，改变一下，让你的课堂换一个新面貌。哦，对了，你知道一共有多少种烹调鸡肉的方法吗？

延展阅读

《全脑教学：影响全球300万教师的教学指导书》

全球规模最大、发展最迅速的教育改革运动！彻底告别填鸭式教学，培养学生的最佳学习力、最强专注力、最惊人记忆力！将脑科学转化为最具操作性的教学方法，全方位激发学生的左右脑，整合学生的听觉、视觉、记忆、情感、理智等，创造性地培养出心智俱佳的"全脑学生"！

> 平静的大海不能练就技术高超的水手。
> —— 英国谚语

一切教学以学生的最大利益为重

下面这个测验能够帮助你进行自我测定：看看你是不是能够根据学生的最大利益，而不是教学准备的难易程度来做决定。一共有三个问题，请你选择最恰当的答案：

◆ 今天是星期五，你感到很累，不，简直就是筋疲力尽。你刚刚得知校长外出开会去了。根据教学安排，今天的自然科学课要给学生们讲酸碱之间的区别。你已经安排好了几个非常棒的实验，每一个实验都需要进行精心准备。你还安排了很多精彩的活动，这些活动也需要付出很大的精力。这时候，你突然想起手头有一盘录像带，里边的内容就是自然科学教授，葛提·加瑟所做的酸碱实验的全过程。播放录像需要正好一节课的时间。那么你会怎样做呢？

· 播放录像。

· 按照预先的安排进行教学。

◆ 你要安排一次英语考试，教材上有一套非常好的多项选择试题，还附有答案，你只需花很少的时间来阅卷就可以了。你会怎么做呢？

· 采用教材里的试题。

· 根据学生的状况重新出一份试题。

◆ 你正在和学生一起学习二战及其对美国经济的影响，教材里就有这样的一章，内容非常全面。事实上你完全可以让学生自己阅读这一章，然后回答后面的问题。你会怎么做呢？

·让学生阅读这一章，并回答相应的问题。

·利用教材内容，让学生开展有意义的讨论，独立思考并完成某些活动。

如果上面这三个问题你都选第二个答案，那么你就有足够的能力来判断什么样的教学对学生有利。鼓励一下自己，你正在做一件很有意义的事情。

教书是一项艰辛的工作。有时候你精疲力竭，难免就会偷偷懒，省省事，这也是人之常情。但是，一定要克服这种懒惰的想法。记住，无论做什么，我们都必须以学生的最大利益为重。

延展阅读

《可见的学习与深度学习：
最大化学生的技能、意志力和兴奋感》

"可见的学习"开创者、"克里斯塔·麦考利夫卓越教师奖"获得者年度新作，帮助教师增强学生自我效能感，培养学生自我调节能力，促使学生更加专注学习。

讲桌是教室的必备之物，它储备着各个科目的教学用具及学生信息，有它的帮助，你在讲课时就可以游刃有余。

从讲桌后面走出来

无论你走进哪间教室，你都会看到一张讲桌，它看似稀松平常、平凡无奇，但作为一个教学新手，你是否真正知道讲桌的用途呢？如果你还不知道它的神奇之处，下文会给你答案。

实际上，讲桌有两个用途：1. 储藏教学用具；2. 学生不在教室时，你可以坐在讲桌旁。这就是讲桌的两点用途，仅此而已。但许多教师会忘记讲桌第二个用途的前提条件，所以他们常常犯的一个错误就是学生在教室里上课时，教师也习惯性地坐在讲桌旁边。有些教师甚至整节课坐着讲课，这是一个严重的错误，因为身体上的阻隔亦是心理上的阻隔，当你坐在讲桌后面时，你用讲桌把自己跟学生分开，这直接导致教师与学生心理上的距离，从情感上来讲，你把自己与学生分隔开了。你想让他们认为你就像足球赛场上的一个教练，跟他们一起打拼，请注意，足球场的边线上并没有教练桌。如果学生不在教室，那么教师可以随意坐在讲桌旁边；但如果学生在教室上课哪怕是在上自习，作为教师你都应该注意你应该给学生的感觉是你在同他们一起拼搏。正如我们前文提到的那样，你与学生的距离越近，他们行为不端的几率越小，他们更多投入到自己的学习中去的几率也会更大。所以，亲爱的教师们，从你们的讲桌中走出来吧！如果因为某种特殊原因你必须在课堂上坐着授课，那么也请你把椅子从讲课桌后面挪出，坐在学生中间，这样你也仍然在他们中间，无论是在情感上还是空间上你都没有与学生们分隔开。

当你站在讲台上时，你不是法庭上的法官，

在那些求知若渴的学生面前，

你是他们思想的源泉。

学生不必经过你的允许就可以走进你的知识乐园，

你也不必向学生发出警告：我的世界不容你们侵犯，

因为你不是法院的法官，

你是一名教师，学生的终身教练。

对于学生而言，

你比任何人都更给他们安全感。

延展阅读

《卓越课堂管理：
一套高效管理课堂的完整体系》

提供了50种有效的课堂管理方案并示范了高效能教师的6套开学管理计划，可使学生通过严格执行流程、程序获得教学和学习成功双赢。

授课指导小结

- 如果你犯了错误，教师是允许犯错的，承认错误，从错误中吸取教训，迅速恢复然后继续前进。
- 按照学生能够理解的水平因材施教。
- 尽可能多的观察其他老师的课堂并从中学习。
- 请记住：经过练习之后才会真正学会知识。
- 请记住：尽管课本是宝贵的资源，但是教师本身才是最宝贵的资源。
- 成为学生的行为榜样，你的行为就是你希望学生做出的举动。
- 找到并关注每个学生的优点。
- 给学生提供一起学习的机会。
- 将你教的课堂内容和学生的实际生活与兴趣相联系。
- 随时掌握先进技术，并最大化地利用。
- 布置作业的时候要保证作业有意义、能独立完成而且可以很快做完。
- 给学生示范新技巧，这样，他们能"亲眼看到"他们很快能做到什么。
- 让学生参与到有趣、有意义的课堂活动中，借此鼓励学生继续学习，而不是让学生被动地坐着听讲。
- 不断鼓动学生去解释、创造、评估、分析和提问。
- 不要根据学生是否记得一堆笔记判断他们是否学会你教的知识，应该使用一种能真正反映出学生是否掌握这种技能的方法。
- 提供多样化的教学手段，让学生一直保持好奇、猜测并享受整个学习过程。

- 以学生的最大利益做决定,而不是按照自己的利益。
- 避免在你跟学生之间放置物体(比如教师的桌子)。

第 4 章

职业精神：
优秀教师的态度和行为

我的血液中流淌着特殊的元素

我的血液里流淌着特殊的元素
这并不是说我需要特别的照顾
这样的血液不是红色的——我说的是另外一个维度
我扮演这重要的角色
这个角色对学生倾注大量心血
我希望他们实际、自觉
我做的一切都在他们的眼中
我的同事也在观察着我
他们关注着我解决问题的方法和策略
所以我格外注意自己的衣着与言行
因为职业精神决定一切

> 如果你想知道一所学校最优秀的教师是谁，那就去问问学生吧，他们最有发言权。

维护良好的声誉

在每一个校园里，每一个课堂上，每一位老师都有自己的"声誉"。上了一周的课之后，你的声誉就建立起来了。用不了多久学生们就会传开，哪些老师很"和蔼"，哪些老师很幽默，谁留的作业最多，谁最关心学生，谁经常保留记录材料等等。家长们根据孩子的话来判断老师的品行，老师们也了解彼此的品行。事实上，要客观公正地判断一位老师的性格和他的教学能力，我们无需亲自去听他的课。有的老师总爱拖堂，那你就知道他的课堂管理是否得当；有的老师经常和孩子们一起在操场上活动，那你就知道他们之间的师生关系是否融洽；在走廊里走一圈，你就能听出来谁在上课；听听老师们之间的对话，你一样可以详细了解他们的态度、敬业精神和他们的综合工作能力。不论你是否愿意，都去听听学生们如何评价他们的老师吧。学校里，没有哪位老师想获得一个坏名声，但是很多老师的名声的确不太好。而摆脱坏名声的最佳方式莫过于第一次就不要给人这样的印象。这其中的道理简单得很：

改变一个人留给别人的印象是一件相当困难的事情。所以上课一定要用心，尊重学生，兢兢业业，有始有终，让自己充满激情，无愧于心！

该怪谁？

大学教授说："学生的无知令人汗颜，高中的学习太失败。"

高中老师说："天哪，那孩子简直是个白痴，不怪他的初中老师该怪谁？"

初中老师说："没见过这样的蠢孩子，小学教育是空白！"

小学老师说："幼儿园教出的木疙瘩，这种教育无胜于有！"

幼儿园老师说："没家教的孩子，他妈妈是干什么的？"

妈妈说："可怜的孩子！他有什么错？他爸爸的家里人全是这个样子！"

排在最后的爸爸说："这个小混蛋难道——是我的？"

跳出互相指责的怪圈

如果你已当了两三周的老师，你就可能被卷入"该怪谁"的这个怪圈。在你是一个孩子的时候，你也可能被卷进去。所有的家长都可能被卷进去，我们也逃不了。为什么呢？因为我们都会不时地受到指责。但问题的实质是这样的指责毫无益处，它不能促使我们前进，不能改善教学效果，对孩子没有一点好处，而且还会浪费大量的宝贵时间和精力。

每年，我们的课堂上都会迎来一伙新学生，由不得我们挑选，当然包括他们的家长。来到这个课堂之前，我们对他们从前的教育状况一无所知。但是，我们要认为他们已经打下了一些基础，帮助他们进一步地成长起来。如果每个人都全身心地投入，哪里还有时间来责备别人呢？在有限甚至远远不够的时间里，我们只有一件事要做，那就是：真正教好每一个学生，为他们传道、授业、解惑，充分挖掘每个人身上的潜能。

互相指责犹如一栋即将倾倒的大厦，如果你走入其中，你将付出惨痛的代价。

延展阅读

《如何有效激发学生学习兴趣》

适用于多学科、全方位的线上与线下教学指南，内含多种丰富有趣的教学工具、教学技术和教学策略，帮助教师激发学生好奇心，吸引学生注意力，赋予课堂创造力，让教学反思与时俱进。

客观事实：周围情况无法"造就"一位老师，但却能够揭示一位老师的品行。

控制自己的反应

人们经常这样说，我不能左右周围的情况，但可以控制我们对这些情况所做出的反应。在课堂上，学生会千方百计地试探你的性格和品德。他们会要你停下来，瞪着天花板，发脾气；他们想看看你发脾气的时候会不会咬牙切齿；他们甚至还想看看你青筋暴突的样子能持续多久。别上他们的当！记住，不论在什么情况下，你都可以控制自己的反应。我认识一位老师，她的班上总是坐满了所谓的"问题学生"，因为淘气成性，这些学生谁都不想教。但是这位老师非常清楚该如何控制自己的反应。每年她都很乐意勇挑重担，走近这帮"不可理喻的"孩子。她能维护这些学生的自尊，也给他们耐心和尊重，而且对他们寄予很高的期望。是的，刚开始的时候，他们也"试探"她，年年如此。但是她从来没让这些学生的意图得逞，总是能很好地控制自己的情绪。渐渐地，学生们的态度温和了下来。最终他们意识到，这位老师是不会发脾气的，也不会放弃对他们的信任，而且还愿意付出一切来帮助他们，这时他们就会停止了自己的鬼把戏，年年的记录都一样。她的每一位学生都会衷心地告诉你，这位老师对他们的影响是多么多么深远。

记住，周围的情况决定不了你会成为一名怎样的老师。但是，对这些情况的反应将毫无疑问地揭示，在学生、家长、同事和你自己的心目中，你是一位怎样的老师，又是怎样的一个人。请慎重选择自己的反应和表现。

你生气的时候一定不要表现出来，因为一旦让学生看出你生气了，他们会认为你投降了，他们便不想被你管理。

延展阅读

《一看就会的课堂设计：
三个步骤快速构建完整的课堂管理体系》
深入阐述课堂管理的三个核心要素：构建良好的师生关系、对每个学生都充满高期待与明确期待以及对学生的要求始终保持一致性，帮助教师明晰高效课堂管理的方向，构建一套完整的关于课堂设计和提高课堂管理效率的有效方法。

消极小姐

每间办公室里，都有一位消极小姐

她就像一个沉重的项圈，如果你不抵抗，就会被它套住

她总是抱怨孩子淘气、学校管理不力

如果你愿意，她会向你展示，她是如何用怨恨、用她的芳泽和诅咒，还有她的欣喜来反击的

她似乎从未意识到，她的行为等于是在承认自己是个爱讲八卦的、虚伪的人

与消极小姐做朋友，是天大的错误。

不要被态度消极的同事影响

事实：如果学校里的教职员工超过三人，其中必然会有一部分人态度比较消极。这绝不是说大部分的老师都如此，实际上，大部分老师都是非常乐观向上的。但是，即使只有一位消极的员工，其他老师也会受到极大的影响。迄今为止，我还没有看到任何一所学校能够幸免。

作为老师，我们全都站在一个岔路口，面临着一个相当重要的选择：向左走呢，还是向右走？你可以向左——随波逐流，混混日子；也可以向右——一切以学生的最大利益为重。只能选择其中之一，无论怎么选择，你都不会孤独。不过，要知道，其中的一条路将会异常崎岖，需要你全身心地付出，就是右边那条。现在让我们来看看，在每一条路上，都有什么等待着你：

向右走——一切以学生的最大利益为重，利弊如下：

◆ 利：你的课堂将会成为令人兴奋的地方，学生的成绩突飞猛进。他们个个自信自重，你也会受到学生以及教育界前辈们的极大敬重，并做出对社会无法衡量的贡献；

◆ 弊：你将会相当辛苦，选择向左走的人可能会对你充满戒心；

◆ 最终结果：你将会成为一名快乐、成功、努力、有价值、有效率、称职且备受敬重的好老师，你将走入别人的灵魂深处，改变他们的命运。

向左走——随波逐流，混日子，利弊又如下：

◆ 利：你受到了那些消极人士的热烈欢迎，可以随时倒苦水，发牢骚；只给学生发练习题，上课混时间，下课留作业，工作一身轻。所有的责任，尽可推到社会、家长、上级领导和学生的身上，而完全忘记其实自己就是负责人；

◆ 弊：上课时，你可能遭遇数不尽的管理和纪律问题——不过，这也是个供你发牢骚的好题材；知晓最新的小道消息；你不屑和讥讽的态度将招致学生的厌恶，教育界同行们也不会看重你；最后，你会意识到自己一步不慎，满盘皆输，到那时剩下的就只有后悔的份儿了；

◆ 最终结果：你将会不堪重负，人也变得刻薄，痛苦。你将错过所有作为一名老师应得的回报。

何去何从，一目了然。

记住，优秀的老师之所以成功，就在于他们做出了正确的取舍。请你也慎重考虑吧。

作为一个有三个孩子并且非常关注孩子教育的母亲，这些年我已经开过很多次家长会了。对我而言，自由倾吐心声非常重要。我敬重那些关心我的孩子，并乐意和我合作解决问题的老师，这对家长有很大的意义。我更愿意支持那些能够倾听我的意见的老师，而不是那些总是认为我蛮横不讲理，几句话就打发我走的人。我只是为了孩子好，也希望每一位老师都和我有同样的愿望。

——吉妮卡·安吉里特，家长

学会高效地跟家长合作

有一天，我正走在一所高中的走廊里，迎面遇到一位刚刚走上工作岗位的年轻老师，她眼泪汪汪，楚楚可怜。我问她怎么了，她说："我给一个家长打个电话，她刚冲我发了一通火，我都不知该怎么解释才好。""她为什么发火啊？"我问。"是这样，我们给所有的走校生家长都发了邀请函，请他们来参加家长会。但是这位家长说她从来就没有收到什么信，可我真的给她寄了啊。"她说。"好，我知道了，"我告诉她，"我来帮你应对这件事。首先，我们要看到，这位家长非常注重孩子的教育，所以她才特别想参加家长会，这是件好事。""我可从没这样想过。"老师说。随后，我一步一步地告诉了她一会儿打电话时该怎样说。下面是具体的步骤：

◆ 开始通话时就告诉她："我非常理解您为没收到邀请函而感到生气。您能这么关注孩子的教育，想来和他的老师见个面，谈一谈，我真的很感动。作为一个母亲，您做得非常棒。

◆ 再跟她讲："很抱歉您没有收到信。我很想尽快跟您见一面，看您的时间方便就行。"

◆ 接下来，再问一下："那您看我们什么时候会面方便？"

注意，上面的对话里没有任何辩解的成分。这很重要，因为家长生气的时候，老师再去辩解甚至争吵是非常错误的。他们真正应该做的是自始至终保持冷静，允许和倾听家长表达他们的关切。你也应该知道，一个人生气的时候，如果对方不停地火上浇油，只会让他的怒火越烧越旺。如果另一方保持冷静，不急于辩解，家长的怒气就会逐渐平息下来，事情才会有转机。

那位新老师走进办公室打电话去了，我就在外面等着。大约五分钟过后，她兴高采烈地出来了。"现在我们是朋友了！我先赞美了她对儿子的关爱，然后我们就能说到一块儿了。明天我们就见面！"

是的，就这么简单。和每一位家长接触时，都要认为他们不过是为了自己的孩子好，然后和他们为了这个共同的目标而倾情合作。他们生气的时候，善于倾听，必要的话，让他们发泄一下，然后让他们知道，你非常愿意合作解决问题。记住，你还一定要谈到孩子的优点。经常和家长保持正面且积极的接触，这样如果偶尔有问题的话，他们也会很乐意与你合作。只有相信你真的关心自己的孩子，他们才更有可能给你支持和帮助。即使在家长会上有的家长跟你的意见有分歧拂袖而去，也要保证让他在那一刻知道其实你很专业，也很冷静。你可能无法控制一位家长在生气时的反应和表现，但你必须要能控制自己的反应和表现。

与家长良好的合作与沟通可以帮你减轻工作压力。你们的目标是一致的——希望孩子能成才，所以教师与家长应该成为一个团队，而不是敌人。

我一直都尽力去参加学校举办的各种活动——诸如球类运动、舞会、音乐会、戏剧表演以及家长会等等。通过这些活动，我更好地认识了学生和他们的家长。我想，这样做还可以传递给学生及家长另一个信息：我是一个"有人性"的老师，对我而言，学生身上还有远比学习成绩更重要的东西。

积极参与学校活动

没错，我们都有工作之外的生活，恐怕只有年轻老师是例外（开玩笑而已——但我想此时此刻，你们手头的工作还没有理顺呢）。但是，只要有可能，我们就要去参加学校组织的各种活动，这很重要。现在，我给你们讲一次我的切身经历。上小学三年级的时候，我们姐妹几个，还有几个朋友，一起邀请罗宾逊老师，我的老师，来观看我们的才艺表演。那时候，我们压根儿就没指望她会来，甚至非常肯定她不会来，因此干脆就没有进行准备。但是，天哪，她如约而至！因为毫无准备，我们几个立刻慌作一团。只好赶紧在晾衣绳上挂了一条床单——我们的幕布——请她坐下，然后躲在幕布后面商量能演点什么。都快崩溃了！幸好，我的小妹妹安迪拉特别喜欢表演。我们只好一次次地让她出去为罗宾逊老师表演。先唱了支歌："坐喷气式飞机远行"，罗宾逊老师热烈地鼓了掌。安迪拉回到了幕布后，我们又让她出去表演体操。可怜的孩子累坏了，那时候她只有六岁，但是每一次出去表演，罗宾逊老师表现得都好像从来没有看到过这么精彩的才艺。最后，我们一起出来鞠了个躬谢幕，她才起身离开。后来回想起来，我敢肯定，第一个节目结束后，罗宾逊老师就看出了我们毫无准备，却没有揭穿，甚至对整场才艺表演只有我妹妹一个人演出也一字未提。第二天，她还向我们道了谢，说她多么多么喜欢我们的演出。我们终于明白了罗宾逊老师多么关心学生，她牺牲了自己的休息时间，下班之后专门来看一个六岁的小孩子在院子里翻跟头。这不是奉献是什么？！

参与学校活动能够帮你向学生和家长传达一个"你在乎"的信息。哦，妈妈得知可怜的罗宾逊老师的遭遇后，很生我们的气。但是，罗宾逊老师不仅忍受了我们的"演出"，而且还装作很享受，很喜欢的样子，这一点让妈妈深受感动。只有相信你关心他们的孩子的家长，才有可能支持你，和你合作。也只有相信你在乎他们的学生，学习才更努力，行为更规矩，才会心甘情愿地为你"翻跟头"。

又及：后来，安迪拉考上了表演艺术的研究生。显然，这和罗宾逊老师毫无保留的欣赏和鼓励有极大的关系。

俗语说得好："只有知道你有多在乎，学生们才会在乎你知道多少。"

延展阅读

《课堂上最重要的56件事》

每一位教师都应该珍藏的56条极简教育指南，帮助教师有效进行课堂管理、培养课堂文化、处理师生关系，发展出"以学生为本"的工作与思维模式。

我们应该避免的是滥用社交网络，而不是彻底不用。

正确地使用社交网络

社交网络是能在任何时间任何地点联系上到任何人的工具。社交网站也是一个平台，提供即时新闻，即时联系朋友和家人，即时提醒，随时发布思想、想法和信息，随时了解或分享任何你能想象到的话题。你可以正面地发布有关某人的消息，也可以借此让某人臭名昭著；你可以得体地写博文也可以失态地在网上宣泄；你可以加对方为好友，也可以把对方扔进黑名单。你选择的关键不在于是否使用社交网络，而是如何使用，尤其现在你成为了一名教师、行为榜样和专业人士。

下面列出的建议是为了确保你正确地使用社交网络。

◆ 多亏了社交网络，现在才有机会联系到全球的教育者，无限次使用在线专业发展机会。因此，请不要回避使用社交网络。只是要避免不当行为。

◆ 立即搞清楚学校对于教师和学生使用社交网络的规定。完全按照政策要求做。

◆ 清楚地指导学生遵守班级和学校的社交网络规定。不断地提醒学生在课堂里保证恰当地使用社交网络行为，对不当使用社交网络行为坚决制止。

◆ 建立班级网站，上传班级新闻、学校新闻和交作业的时间等。

第4章 职业精神：优秀教师的态度和行为

让学生帮忙维护和更新班级主页。

◆ 在社交网站上跟其他老师联络，交流关于教科研、教学趋势、教学方法、课程计划和班级管理等方面的经验。

◆ 跟世界上其他地方的学生交流，互相学习。

◆ 公私分明，进行隐私设置，确保你的个人社交网站内容和工作社交网站的活动区分开。

◆ 不要把学生纳入个人网上社交的群组。

◆ 请记住，隐私设置也不是百分百安全，所以一定要谨慎对待上传到社交群组的内容。

◆ 对行为负责。不要在网上发布有损工作和形象、有损学校的内容，或者发布会伤害到看这条消息的人。

没错，确实有很多教师因为在社交网站上有不当行为被开除。但是还有很多教师因为各种原因失去了工作，都跟社交网站无关。社交网站并没有问题，而是不恰当的行为有问题。你一定想成为一个交友广泛的老师。不过切记，在网上发布内容跟在高速路旁边的广告牌上张贴广告是一样的。真正的不同就是，相比在广告牌，你在最爱的网上发布的内容可能会有更多人浏览。

延展阅读

《学校管理最重要的48件事》

揭示48条鼓舞人心的教育原则，促使学校管理者专注于挖掘学校核心价值观，帮助学校管理者在鼓励学生、给教师赋能以及创建学校文化等方面变得更具有影响力。

> 没有人会因为吞咽闲言恶语而肚子不舒服。
>
> ——温斯顿·丘吉尔，英国前首相

不要传播流言蜚语

古谚语说得好："和你一起传播流言蜚语的人，一定会传播你的流言蜚语。"静下心来想一想，背后说坏话只会造成伤害。没有任何人会因为传播流言而赢得别人的尊敬。很多时候，学生们之所以被不公正地对待，就是因为还没有见到他们，老师就已经受到了"警告"而对他们抱有偏见。我常常这样想，每一年都能有一个全新的开始，这对老师、对学生而言都是一个非常有利的机会。想一想，作为老师，如果领导总是通过你以前在教学和生活中所犯的错误而打量你，评价你，这是不是很可笑？那样的话，等不及新的一年开始，你就"完蛋"了。但是，不幸的是，现在每年都有学生因此而"完蛋"。老师们彼此之间总是连想都不想就随意散播一些对学生伤害很大的言辞。如果你是老师，不可避免地会遇到某些试图向你传播流言蜚语的人。千万别卷入其中，不仅仅是因为这种行为违反职业道德，而且也因为这和教师所象征的伟大理念——帮助他人，为他人服务——背道而驰。如果你不打算说别人的好话，那就请保持沉默。

苦涩的葡萄会早早从葡萄藤上掉落，
只有那些甜甜的葡萄才更适合参与美酒的制作。

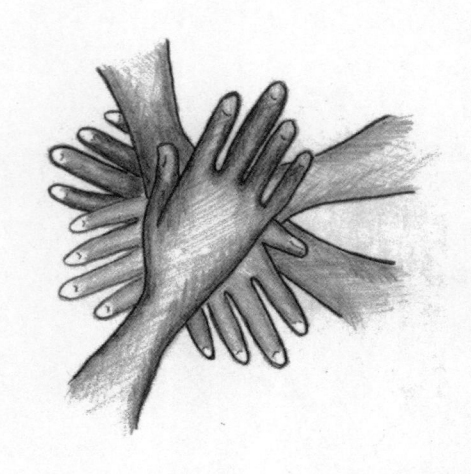

> 管理者，指导教师，学生，家长，警察等等，他们都可以是你的求助对象，只要你想问他们，他们都会欣然为你提供帮助。

寻求帮助

建议58

本条建议与建议61（敢于提问）相得益彰，但是，建议61的重点是如何在不懂的情况下向别人提问题；而本条建议的重心是请别人给自己提供帮助，对象包括领导、同事、学生、家长和社区成员。

最近有一位老师对我说："我不是孤军作战，我乐于向任何能够帮助我搞好教学的人寻求帮助。"他是一位高中老师，学生们帮他装饰教室，收集活动资料，凡是他需要的时候，他们都会站出来。他常常邀请一些社区成员来教室里充当嘉宾发言人。很多身为志愿者的家长也会定期来他的班上帮忙做一些事情。为了学生的学习和自己教学技巧的提高，他还经常邀请其他老师来上一些示范课。此外，他本人还是几位新教师的导师，他说从新老师的身上，他能学到很多在老同事身上学不到的新想法。

"团队合作很重要，"他说，"如果每个人都能积极参与的话，不仅课堂生动有趣，而且会让家长们也乐意参与到孩子的教育中来。整个社区都参与，大家就都受益。"每一年他的科研项目都是热点，他也会邀请每个人都来参与。"我们的课堂欢迎任何人，但是我要提醒你，只要走进来，你就得马上投入工作。"

不仅是这位老师常常寻求各方面的帮助，他的学生们也经常走进社区，自愿花时间和精力去帮助别人，"有来有往，"他说，"我们希望得到别人的帮助，也希望帮助别人。有那么多人——同事、领导、家长、社区成员等等——愿意为别人提供帮助，这可真令人惊喜。你需要做的，仅仅是向他们说出你的需求。"

每一个大小机会，涉及社区！

延展阅读

《北京四中8班的教育奇迹》

高杰老师健康、阳光又富于创造力，她把全部的心血和爱都给了学生。她为8班营造了积极向上、拼搏进取的良好氛围，让孩子们能在高中这个培养独立思考能力的重要阶段，真正的拓宽视野、了解自己。8班的学生们勤奋、独立、有主见又坚强，他们能在高中阶段就清晰地知道自己想成为什么样的人，要走一条什么样的路，并通过精诚合作、努力拼搏达到自己的目标。他们的秘籍很简单：勤奋是到达成功的最短捷径。

> 只要全力以赴，我们的生活，别人的生活，都会出现意想不到的奇迹。
>
> ——海伦·凯勒，
> 美国盲人女作家

把事情做到最好

生活里，再也没有比知道自己全力以赴有所成就更能让我们感到满足的事了，教书让我们每天都拥有这样的机会。世界上没有完美的老师，任何一位老师都会犯错误。但是只有每天都尽心尽力的老师才能够真正感动别人。只要兢兢业业，就算是最困难的日子，对我们来说也是成功的。事实上，最困难的日子往往也是回报最大的日子——这是最考验我们的时期。你难免会有感觉不舒服的时候，情绪上也好，身体上也好，但是只要来上课就必须发挥出最好的状态。也有的时候，学生会试探你的耐心，因为他们没有听懂你讲授的内容。那么，请你尝试一种新的讲解方法，而不是轻易就失望灰心。不要放弃，也不要服输，拼尽你的全力吧！

只有我们做到最好，学生们才有可能做到最好，只要全力以赴，"我们的生活，别人的生活，都会出现意想不到的奇迹。"因此，尽力去做一名最好的老师。

总有一天，因为你的影响，那些年轻的心和年轻的生命，会发生永久的改变，你也将因此而得到巨大的回报。

哪条路

面前是一条岔路，何去何从？我四顾茫然。

但是，心中没有目的地，就算到了那里，我也不知道！

——安奈特·L·布鲁肖

设立目标

提要：写在纸上的目标要比那些储存在脑袋里的愿望更容易变成现实。

很多人都有为数不少的目标，但却无法实现。想一想，你的新年决心是什么？每一年我们都会向自己做出这样那样的承诺："我要减肥"，"我要攒更多钱"，"我要装修一下房子"……可是，因为没有具体的行动方案，自然也无法实现。这么说没准儿还可行一些："我一天要步行二十分钟，一周三次"，"每个月我攒的钱要增加百分之五"，"我要办一个宅前出售会，把那些不需要的东西都卖掉"……接下来，把它们写在纸上，贴在你每天都能看见的地方。目标是一步一步实现的，写在纸上的目标要比那些储存在脑袋里的愿望更容易变成现实。

在课堂上，你可能会说，"今年我准备采取一种互动式教学的新方法"，"我准备开发一套新的课堂管理方案，始终不渝地贯彻它"，"我准备把每天的活动都写进教案，这些活动都要以学生为出发点"……不管你有怎样的目标，写下来再张贴起来，每天向自己的目标前进一步，总有一天，你会到达自己的目的地。不要一味地站在岔路口挠头，请先想好最终的目标，然后做出详尽的计划，最后再朝着目的地一往无前地进发。当然，需要的时候停一停也无妨，加加油，吃饭，再来洗个热水澡！

　　每天向着目标迈进一步，这个循序渐进的过程会让你最终实现目标，教师每天的进步有助于学生的成功。所以，行动起来，树立目标吧！这对你，对学生都是很有好处的。

延展阅读

《重新设计学习和教学空间：
设计利于活动/游戏/学习/创造的学习环境》

　　获中国教育新闻网2019年度"影响教师的100本书"。北京十一学校联盟总校校长李希贵郑重推荐。设计合作学习空间，设计拓展能力的学习情境，激发学生对学习的内在渴望；解构、重塑和提升现有学校的学习环境，看见师生共享成长，看见教育的力量。

古语有云:"灵活应变的人更有福气,因为他们从来都不会被压扁。"

学会随机应变

任何一位老师都知道,上课既有可预测的因素,也有不可预测的因素。下面列举的是一些不可预测的因素:

- 突发火灾
- 临时通知
- 孩子们突然生病
- 毫无准备的纪律问题
- 预定安排的变化
- 有人敲门
- 意外的学生提问
- 校领导忽然提出听课要求
- 对所讲内容需要的时间估计不足
- 制度变化
- 临时改变授课方式……

一位新教师告诉我:"课堂上唯一真正可预测的因素是它的不可预测性。"她接着解释说,刚上班的头几个月,曾认真地考虑过辞职。"我喜欢一切按部就班,"她说,"认真地备好了课,想着没有什么人或事会打扰我讲课。可是,天哪,大错特错!幸好,我很快就学会了不去理会这些意外。现在，如果再有人敲门，临时改变进程什么的，我再也不会生气了。""课堂上唯一真正可预测的因素是它的不可预测性"，这话说得可真对！适应它，学会随机应变，不要被那些超出你的控制范围的事情左右。灵活变通，否则，总有一天你会被压扁的！

当突发事件发生时，你可以选择随机应变，也可以选择被压扁，面临这样的选择，我希望你积极主动地选择前者。

延展阅读

《从备课开始的56个英语创意教学：
快速从小白老师到名师高手》

提供24个精彩教学案例+32个好用教学模板，包含教师教学中的中英文教案、故事、素材、图表、检查单、档案袋、成绩报告、线上教学、线上学习、电邮文件等系列教学工具包，英语教师可直接模仿、借鉴、学习，拿来即用，一用有效。书中的教学心法+锦囊妙计贯穿教学全过程，适用于课前备课准备、教案设计、课中教案实施、课堂互动、课后测试评估、档案报告，帮助教师尽快适应教师角色，快速进入教学程序、线上授课，迅速提升教学技能，加速职业晋升，在短时间内成为高效能英语骨干教师。

太多的问题

你说我问的问题太多，但是你好像不知道，我好奇的东西更多。

每个问题都要有一个答案，但是得到一个答案后，新的问题又在脑袋里冒出来。

因为我学到的知识，只会让我发现更多的问题。

所以，请耐心一点吧，我不知道的事情还很多。

但是我肯定，得到的答案越多，我成长得就越快。

——安奈特·L·布鲁肖

敢于提问

新教师总是害怕问问题。有一次，一位老师面带难色地和我说："我有很多的问题，但是却不知道该问谁。问同事的话，他们可能就会想：'一个老师怎么会不懂这些事呢？'这样的话，我的声誉就会受到影响。"

不幸的是，新老师们普遍面临着这样一个问题。他们害怕提问，担心会被人家看不起。但是，他们却不知道以下这些事实：

◆ 教书并不是一门精密科学，所有的老师都应该保持一种勤学好问的状态；

◆ 一般来讲，老师们都愿意和同行们，新手也好，老兵也罢，共享自己的教学技巧、想法、理念，以及什么方法奏效，什么方法不管用等等；

◆ 提问题不会让你显得无能，相反它会让你看起来更像是一位兢兢业业，愿意为学生的进步而努力的好老师；

◆ 真正具有敬业精神的老师，不会因为担心被别人瞧不起就放弃学习新事物的机会。在教学这件事上，我们都很无知，不知道的事情还很多很多。

◆ 简而言之，不论经验有多么丰富，不提问，就只能停步不前。所以，将你的问题讲出来吧。只要你得到一个问题的答案，一个充满了可能性的全新的世界就展现在你的面前。这是因为，你的问题越多，得到的答案就越多，而这些答案必将会引发更多的问题，从而得到更多的答案，如此循环，没有止境。

对了，你还有别的问题吗？

延展阅读

《好老师应对课堂挑战的25个方法》

安奈特和伊丽莎白是"常青藤"教师用书的明星作者，被教师读者亲切地称为"姊妹花"。她们的热情让人如沐春风，她们的幽默随时感染着读者，她们的话语总能打动教育者的心灵。所有看过她们著作或者听过她们演讲的老师们，都认为她们带来的是心灵的启迪，是切实可行的行动指南，还有最重要的，是对教师这份职业坚定的信念。

学生或多或少根据你的衣着来评判他们的老师，如果你的穿着过于随便，他们会怀疑你的教学水平，而且也不会给予你足够的尊重。

着装要规范

身处拥挤的机场时，你总能很容易就辨认出飞行员和空服人员，那是因为他们穿着有职业特征的制服。那是因为，当你登上飞机时，你希望载你飞行的是有能力、能胜任的空乘人员。可是如果飞行员穿的是网球鞋，牛仔裤，他就不胜任这份工作了吗？当然不是，但是乘客不希望他们以那样的形象出现。所以说，制服是有它所代表的特殊意义的。

请在你的脑海里勾勒一位正在做庭审辩护的律师，男女均可。她/他会是怎样的装束？不外乎是这个样子：男的着西装打领带，女的一身职业套装。与此类似，请你再想象一下职业商人、公司白领的着装。好，现在，再来想象一位老师，男女都行，这次你的脑海里还有非常清晰的形象吗？我在全国各地都进行过这个活动，每一次，受访者都承认很难描绘出一位老师的具体外在形象，没有一次例外。就算有些人勉强能做到这一点，他们也会立刻表示，自己头脑中的这位老师可不像律师或是商人那么职业化，那么清晰分明。为什么会这样呢？这很重要吗？不管我们是否愿意，事实上，人们都倾向于以貌取人。着装规范、职业化的人就会得到相应的职业化的对待。事实如此，而且也适用于

建议63

课堂。对于着装整齐规范、职业化的老师，同事、学生和家长自然而然地对他/她多几分敬重。当然，这并不是说，"看起来称职"是赢得尊重的唯一方法，你还必须要在"行动上称职"。

每年为新教师做培训的时候，我们都会搞个小把戏。首先，向新老师们介绍培训组的成员，其中有一位是校长。另外的三位成员着装都非常规范，唯有校长例外。她上身穿着一件圆领T恤衫，下身穿蓝色牛仔裤，脚穿网球鞋。那些新老师们缄默不言，表情却相当怪异。这就是校长？要给我们做报告？她要教我们怎么教别人？

我们都不表态，简单地把她介绍给大家，她跟大家打个招呼，然后就出去了。那天晚上，在她做完第一次报告，出去了还没有回来的时候，我问这些新老师："今天上午我把布鲁克斯校长介绍给你们的时候，有什么不对劲的地方吗？看起来你们很吃惊啊！"答复从来都没有变化，那就是他们从未想到过一位校长也会这么穿衣。"哦，她这么穿衣有什么不妥吗？很邋遢吗？"我问。"不是，"他们说，"就是不像个校长的样子。""那好，如果她换一种装束，你们会不会舒服一些？"说话间，校长再度走进来，穿着非常得体的职业装。于是，刹那间发生了两件事：

1. 新老师们意识到自己上当了；
2. 无需再说教什么，他们就明白了我们的意图：作为一个学区的负责团队，我们非常注重职业化的打扮和气质。

教师属于职业人士的范畴，所以从外表上就应该职业化。职业装并不意味着穿着不舒服，也并不意味着价格非常昂贵，它唯一的意图，就是让你和学生有所区别，它会随时提醒你的教师身份。

穿着像老师，行动是老师，那么你就会像一位真正的职业人士那样，赢得自己应该受到的尊重。

教师有权确定学生是否可以升入新的年级，既然如此，学生也应有权确定教师是否有能力升入新的级别。

设计一张教师成绩单

你想知道你的教学能力如何吗？问问你的学生你就会知道答案。

在工作的第三年里，我在一本面向教师的杂志里看到了"教师成绩单"这个想法。我暗想，每过九周学生们就会收到一张成绩单，可是他们还从来没有机会对我这个老师做一下评估，看看我有没有尽到一个老师的责任。虽然很喜欢这个想法，但是我还得承认当时还真有点儿害怕，因为学生们一定会实话实说。不过，除了他们，还有谁能更好地评估我的工作业绩？他们就是我的"客户"，我是为他们服务的。那么，他们为什么不能就我的工作提供一些反馈？说到做到，我立刻把这个想法付诸实践。很受学生的欢迎！实际上，能有这样一次为自己老师"打分"的机会，他们还真有点喜出望外呢。

成绩单简单易懂，中肯扼要。上面也没有留出学生签名的地方，因为只有让他们无记名答题，才能收到最真实的反馈。具体题目如下：

◆ 老师的课有趣吗？如果答案是否，那怎样做能让课堂有趣起来？
◆ 老师关心我吗？
◆ 老师能督促我随时对自己的行为负责吗？
◆ 我在课堂上可以自由发言吗？
◆ 老师能够尊重大家，维护大家的尊严，并对所有人一视同仁吗？

◆ 我在课堂上成功吗？如果不是的话，老师该做些什么来帮助我？
◆ 老师喜欢上课吗？
◆ 我是不是认为老师已经尽力做到了最好？
◆ 这个班令我喜欢的地方是：_____
◆ 这个班令我不喜欢的地方是：_____
◆ 如果我可以改变这个班的一个地方，它会是：_____

每次我的学生拿到他们的成绩单时，我也会拿到自己的成绩单，我认为这是最有用、最诚实的反馈，学生们真实地告诉我他们对我的教学是如何评价的。

让学生为你的表现打分，可以帮你实现如下的目标：

◆ 督促你忠于职守；
◆ 让学生知道，对你而言，他们的意见很重要；
◆ 向学生表明你重视他们的意见；
◆ 提醒自己不要偷懒。

在过去的许多年里，我把这个方法与不同年级、不同科目的教师分享，我发现优秀教师很喜欢这个方法，而且他们认为这确实是一个不错的方式，然而能力稍差些的老师对这个方法没什么热情。

设计你自己的"教师成绩单"，通过它，让你的学生们提供真实有效并且有价值的反馈。他们会很高兴这样做！

教师的所作所为尽在学生眼中，学生通过观察模仿教师的言行举止。

要以身作则

我们签了合同，并自称是"老师"后，就承担起了为每一个学生树立榜样、起模范表率作用的责任。学生们需要榜样，而且他们也一直在寻找着自己的榜样。想想你自己曾经的人生榜样都是谁？是那些关心你、鼓励你并不断激励你去追求成功的人，还是那些身上具有某些你渴望企及的优秀品质的人？我经常会告诉老师们，每一天，学生们都在密切关注着他们的行为举止。而且，课堂上，身教绝对胜于言传。作为老师，我们却常常忘了这一点，我们亲身示范的，恰恰与我们教给学生的那些道理背道而驰。大体上是这个样子：

老师冲着一个学生大喊道："喂，小姐，别冲我大喊大叫！"

满脸怒气的老师冲一位怒气冲冲的学生喊："收起你那可恶的表情！"

生活中确有其事，我们的老师给学生所示范的，恰恰是他们不希望学生所做的。学生们眼明手快，难道他们没有看见你穿了一身新衣服吗？难道他们没有看到你换了新发型吗？难道他们没有注意到你不舒服吗？难道他们没有注意到你对某个学生要比对其他学生格外好吗？

为了进一步证明这一点，我想让你接受一个小小的挑战。那就是，明天走进教室的时候问一问："你们有人愿意模仿我吗？"你能猜到结果吗？他们都会模仿你，而且还模仿得非常像！

无论在哪间教室，教师都起着表率作用，他们是学生学习的榜样。

建议 65

尽管你有时会认为自己的领导就是个独裁者
但与其总是抱怨，不如多花时间与领导相处
努力做个合作者，而不是挑事者

与管理层良好合作

常常听到老师们抱怨领导。有时候我会专门听一会儿，再问他们一个问题："你一天和学生呆在教室里的时间有多少？"答案通常是90%的时间。我又问："那你一天和领导呆在一起的时间有多少？"答案通常是1%或更少，除非这位老师与她/他的上级是婚姻关系。事实的确如此，有些老师总花大把的时间抱怨连面都见不着的领导。可是，把100%的时间和精力投入到每天你要花90%的时间相处的人身上，不是更有意义吗？

在一所好的学校里，老师们能够与校方领导团结互助，精诚合作。他们也不见得始终都同意某些管理决策，但是为了学校的提高，他们总是会尽力地去配合学校的安排，最终也是为了学生们的成长。不要因为一些琐事钻牛角尖，拒绝与他人沟通与合作。

记住，我们的重点是那些力所能及的事情，而不是那些无能为力的事情。如果能团结互助，把全部精力都投入到我们共同的目标上——帮助孩子们——分歧固然不可能消失，但学生们却会因此而受益。

没人对你愤怒的状态感兴趣
你可能会因为某事大发雷霆
别人也可能因为你怒不可遏
愤怒过后只能是无尽的悔意

不要带着怒气行事

我们都曾有过这样的经历：血液在血管里燃烧，膨胀，膨胀，在体内奔涌，然后"嘭"的一声——爆炸了！失控了。那个时候说出口的话，不管过去多久，到今天依然令我们后悔不已，多么希望能收回来啊！但是我们做不到。而没能从中吸取经验教训，同样令我们自责和内疚。所以，一而再，再而三地发怒，生气时口无遮拦，随意妄为。然后，我们再次为情绪失控而后悔。人都有七情六欲，所以我们都会发火。但是，每个人表达气愤的方式却不尽相同。记住，是行为，而不是感情决定着别人对我们的看法。

一位老师站在教室前边，三番五次地"警告"学生不要说话。说一次就安静一会儿，但是用不了几分钟，学生们就故态重萌了。我就坐在教室的后边，所以可以清清楚楚地看到她的样子：每警告一次，她生气的程度就加深一次，脸越来越红，呼吸急促，身体也变得僵硬。终于，她爆发了，抓起书扔到地上，对着学生大喊大叫起来。随后，她开始连珠炮般地责骂他们。后来，她后悔了，但可惜的是覆水难收。有人经常提这样的建议：生气的时候，先"数到十"，或者尽量先让自己的情绪平静，以免一时冲动说出或做出令人悔恨的事。生气也是一种力量强大的感情，如果不加以控制的话，它会非常危险。我们教

第4章 职业精神：优秀教师的态度和行为 • 147

给学生们及时意识到自己不好的情绪，并且学会自我控制。那么，作为他们的老师和榜样，自然就应该给他们亲身示范一下该怎么做。老师永远都不应该在课堂上情绪失控，所以生气的时候，先平静一下，一直到你的思维恢复正常为止，然后再理性地思考如何来处理眼前的局面。

放松，深呼吸，周全考虑，方可不生气。

延展阅读

《德国幼儿教育成功的秘密：近距离体验德国学前教育理念与幼儿园日常活动安排》

著名教育家洪兰、新浪育儿主编黄晓莉郑重推荐，父母学习读本，幼儿园培训教材。从德国幼儿园日常互动情景对话与小故事，近距离体验教师、父母彼此携手合作，共同落实幼儿的学习就是在生活中、大自然中与游戏中学习。每经历一次、挑战一次，就能成长一点。

事实：如果没有什么私人问题，那你就不是一个"人"；但是，如果让私人问题影响到了课堂，你就不是一位敬业的老师。

不要把私人问题带到课堂上

是的，除了教学，我们还有自己的生活，也有无尽的烦恼和挫折，这很正常。不正常的是让这些个人的烦心事影响到学生的学习。有一次，我听到一位老师大声地向学生宣布："我今天过得不顺心，孩子生病整整折腾了一夜。所以我警告你们，我今天情绪不好，我也很想上好课，但是太累了，没办法。我们的进度已经落后了，今天必须得多上点儿。所以老老实实坐在你们的座位上，别给我找事！"

让我们想象一位和这位老师遭遇相似的飞行员。飞机上的欢迎词是这样的："女士们，先生们，早上好，我是你们的飞行员。天哪，今天糟透了，孩子生病整整折腾了一夜，所以我警告你们，我今天情绪不好。我很想把你们好好地送到纽约，但是太累了，今天也晚点了，必须得飞得快点。老老实实坐在你们的座位上，别给我找事！"

如果是这架飞机上的一名乘客，你会怎么做呢？你肯定想马上下机！问题是，学生们可不可能像你这么随便，想走就走。但他们的感觉糟糕透顶。我敢肯定，生活中一定也有一些满怀不如意的飞行员。

但学生不是我们的出气筒，如果有一天，你觉得心情太坏，没法上课，那就请一天假。但是，一旦来到学校，就一定要非常敬业。

毫无疑问，课堂上你那些小小的"乘客"，喜欢安全且准时的飞行。

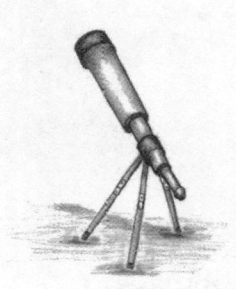

如果你想控制那些根本无法控制的事情，你将陷入极大的伤悲。

关注力所能及的事情

是的，领导不会永远都和你达成一致。也许拉格特永远都不会喜欢学校食堂里的饭菜，或者学校的巡视员偶尔漏掉了一两个地方，又或者家长抚养孩子的方式达不到你的标准。但是这和课堂上进行的一切有什么关系呢？关系很小，或根本就没有关系。生活中的确有很多人把90%的时间都花在自己根本就无能为力的事情上。老师必须学会把100%的精力都投入到力所能及的事情上。每天上课的时候，无论教还是学，我们都应投入自己全部的精力。下面就是老师在自己无能为力的事情上徒然浪费精力的例子：

◆"昨天我碰到了布兰登的父母，现在我终于明白了他为什么会是那个样子。这孩子无药可救了。"

◆"为什么校长不让我们去实地考察呢？"

◆"你听到××老师今天跟学生们讲什么了吗？"

◆"他们能让我们从这样的教材中教出什么呢？"

◆"你注意到××老师看××老师的眼神了吗？我觉得里边有蹊跷。"

◆"现在的孩子们可跟从前大不一样了。"

◆"真后悔浪费那么多时间，我宁愿今天就退休。"

好了，我想你一定明白了其中的奥妙。最好的一条原则莫过于在学校里遇到问题的时候，先自问一下："我能做些什么来改变局面吗？如果可以，该如何具体行动？"如果答案是"否"，那就任其自然；如果答案是"是"，那就行动起来。没错，教师休息室从此会变成一个很无聊的地方。有那么多问题忙于解决，你哪还有时间呆在那儿呢！

把注意力放在你可以改变的事情上，在那些你无法改变的事情上投入太多精力是无意义的。你的学生的学习和成长需要你的关注，他们更需要你。

延展阅读

《德国幼儿的自我表达课：不是孩子爱闹情绪，是她/他想说却不会说！》

著名教育家洪兰、新浪育儿主编黄晓莉郑重推荐，父母学习读本，幼儿园培训教材。德国19堂3个阶段儿童语言能力训练课，运用体验式、沉浸式教学法，系统阐述学说话→学表达→学沟通的学习练习过程，提供实际案例与具体的行为方法和语言沟通模板，让孩子学好语言表达，孩子更聪明。

完善教学是教师的终身事业
因为教师面临不同的学生
所以他们需要坚持不懈
虽然知识的海洋无边无界
但是只要不断的学习
你一定可以走在优秀教师的行列

不断取得职业上的进步

  无论你入行有多久，一年也好，三十一年也罢，你都必须保持不断学习和进步的状态。常常听说有的老师一共教了三十个年级，而有的老师一个年级竟教了三十次！教育就像是制造机器，在工作中我们必须不断地学习新的和更好的方式。

  最近，一位督学告诉我，他要求自己学区的全部两千名老师每年都制订一个职业成长规划。这些规划包括教师们每年的自我提升目标，而且会一直进行监控，年底的时候还要接受评估。"这就确保了我的每一位老师都会不断地提高，"他说，"我们不期望完美，但我们要求进步。"后来我问他这些目标是怎么制订和评估的，他说："目标明确且落在白纸黑字上的人，比那些仅在脑海里有一些模糊目标的人更容易取得成功。这就是我们为什么要有一个学区目标，并把它张贴在每一个教室里的缘故。目标明确，大家才能够齐头并进。"

  后来我又向这个学区的一位老师打听她自己的职业规划。她说："起先我并不喜欢这个想法——不过是又多了一件事要做嘛，我手头的工作已经够多的了。但是这些目标让我眼明心亮，一旦确定，就坚定地朝它迈进。每次到达目的地的时候，我都会发现自己比从前更有自信也更有能力了。"用约翰·康顿·德纳的话来说，就是："敢于教书的人，从来都不会停下学习的脚步。"

有关目标确立的更多信息，请参阅建议58。

教学是教师谋生的手段，
他们也用这种方式点燃了自己内心的学习火焰。

延展阅读

《7个习惯教出优秀学生》

"七个习惯"准则风靡全球，其结果有目共睹：纪律问题大大减少，家长满意度提升，学生自信心暴涨，校园文化得以改善，学生学业进步明显，老师荣誉感增强，新世纪的生活技能得到了更为全面的关注。

职业精神小结

- 努力成为一个完美的职业者，维护自己良好的声誉。
- 请记住，尽管你不能总是控制外界，但是你可以总是控制自己对外界情况的反应。
- 跟家长沟通时，要记住家长都是为了孩子能成才。尽可能动员家长的参与，跟家长合作。
- 表现出喜欢学生的兴趣爱好，尽可能参与学生的课后活动。
- 不要回避社交活动。要利用社交圈子，负责任地利用。
- 不要传播流言蜚语、私下议论别人，也不要和热衷这样做的人多接触。
- 列出可以提供帮助的社区成员、家长志愿者、学生，以及任何一个你能动员的人，你们一起提高教学质量，注入集体精神和合作意识。
- 为自身的职业进步设定具体的书面目标。
- 更加"灵活"而不是"死板"，学会随机应变。
- 不要因为害怕表现出能力不足就不敢提问。
- 着装要规范，展现出一位教师的专业性。
- 允许学生使用"教师成绩单"给你的教学打分。
- 总是表现出因为看到学生模仿自己而感到自豪。
- 与校方领导团结互助，精诚合作。
- 不要带着怒气行事或说话。保持冷静，三思而后行。
- 永远不要把私人问题带到课堂上。
- 每天都要学习教学方法和知识技能的新东西。

第 5 章

积极与和谐：
构建成功的师生关系

老师，您点燃了我内心的一团火

老师，当您点燃了我内心的一团火
我仿佛看到了内在光明的自我
在您的谆谆教导下
我开始执着地拼搏
我绕过了人生路上的坎坷
我骄傲的前行，无畏地开拓
您给我挑战的勇气
从不冷漠地看我经受挫折
当我不小心摔倒
您总是把我扶起
您用你的聪明让我看到颠倒的实质
您告诉我跌倒也是向成功迈出的一步
虽然我也曾经有所怀疑
但坚持下去，前方的路逐渐变得清晰
写这首诗的目的
是为了让你知道您的影响力
即便是一个普普通通的孩童
在您的影响下他也能品尝到成功的甜蜜
他们都将向您致意

我不是我哥哥

我不是我哥哥，所以不要拿我们做比较。

把我当成他，这怎么会公平？

他有他自己的做事方式，这很好，但别指望我成为他的克隆体。

我不是我哥哥，我也不想这么做，我很高兴做自己，我就是我。

——安奈特·L·布鲁肖

每个学生都是一个独特的个体

每个学生都是一个独立的个体，拥有独特的天赋、技巧、优点和梦想。但是我们却常常让他们变成别人。我们拿他和他的兄弟姐妹们或同学做比较。问问任何一个有两个或更多孩子的家长，这两个孩子或者有没有哪些孩子彼此完全相像？答案很响亮：没有。老师的工作就是找出并赞美学生身上的与众不同之处。当然，这里所说的与众不同并不是指经常在课堂上捣乱不安分。发现每一个学生的天赋和优点，并精心培养它们。

有一次，一位初中老师告诉我："我最喜欢C老师的地方是，他从来都不拿我和我的哥哥们做比较。家里六个男孩我最小，而且我们都在同一所学校里上学。所以，每年大部分老师都知道我是佩特森家里最小的男孩儿。我们长得很像，因此他们觉得我们性格也一样，可实际上不是这样。我爱哥哥们，但是我并不想走他们走过的路。我要走我自己的路！虽然C老师教过他们五个，但从来不会提起这些来。他把我当成一个普通的孩子，当成我自己。"

记住：每个学生都是一个独特的个体，是他自己。就这样来对待他们。赞美他本人，而不是强迫他成为别的什么人。

简言之：我就是我，我不是你。如果你觉得我是你，那么请你再看看我。

延展阅读

《芬兰教育全球第一的秘密》

身为两个孩子的家长，透过孩子的求学过程及亲身体验，实地探访芬兰学校、参与教学研习、回溯其历史及教育改革之路，收获很多……没有深奥的教育论述，没有教条式的文字，有的是发自内心的认同、感动及震撼！

从来不去尝试激发学生学习热情的老师，就像是锤打一块冷冰冰的铁。

——贺瑞斯·曼恩，
美国教育家

点燃学生心中的火花

要想知道点燃学生心中火花的重要性，再也没有比这样说更简单明白的了：学生走出教室时，"手头"掌握了多少知识并不重要，重要的是，他们"心中"有多少火花被点燃。他们不需要一味地被"灌输"，而是需要受到"启发"。启发别人也需要天赋，这就是为什么我们说老师就是那把学生打开成功之门的钥匙。是老师本人，而不是教学内容决定了学生走出教室时，心中的火花是"熄灭"还是被"点燃"。

最近，我和一个已经留级三次的七年级学生谈了谈。他很高兴地告诉我，从前因为成绩差，他一点都不喜欢学校，但是，托马斯老师改变了这一切。开学第一天，他就感觉受到了启发，第一次体验到了学习的快乐感觉，这种感觉太美好了。随后，他的成绩就突飞猛进，进步太快了——校方甚至决定让他升到九年级。下面就是他说的一句话："上托马斯老师的课，生动而又有趣。她在我的身上发现了其他人从未注意过的天赋，如果几年前就能认识她，我就不会留级了，我想我需要的仅仅是启发。"

真希望每位老师都像托马斯老师一样。我们做得到的，是点燃每一个学生心中的火花，并添上爱学习、完善自我的柴火，让它熊熊燃烧起来。

优秀的教师启迪学生，激发出学生内心的求知欲。

世界终有一天会让每个人都笑容满面

那时，我们的地球将会成为一个美好的乐园

保持微笑

在孩子的世界里，他们更喜欢每天开开心心的成年人，一个简单的微笑足以让你走进孩子的内心世界。

很简单，微笑是获得学生信任的最快途径。我们都知道这个，在生活中也总是努力地实践着。但是另一方面，有一些老教师总爱迫不及待地这样建议新老师："不论做什么，不到圣诞节就不要冲学生微笑。"一些可怜的老师不假思索地就采纳了这条建议，结果是很快遇到了麻烦。请你想象一下，整天呆在一间教室里，面对一位脸上没有一丝笑容的老师会是什么感觉？再想象一下，一年到头都不笑，一直挨到圣诞节又会是什么感觉？

微笑具有感染性。在班上做个实验，站在学生面前，向他们笑一下——露出牙齿，满面微笑，一句话也不用说，看看会发生什么。他们一定会马上还你一个微笑，没错，他们也会纳闷你到底怎么了。但是为了证明这一点，还是请你试一试。有些人天生比别人爱笑。如果你不是一个天生的"微笑者"，那你不妨试试这个：在讲桌上贴一个小笑脸，让它来提醒你天天都努力地绽放自己的笑容。

有一天，我和一位新老师做了一个实验，她正在为学生的调皮捣蛋而头疼。听了她的课，我一下子就发现，一节课都上完了，她也没笑过一次。讲课的时候，她总是一副不高兴的样子。我们商定，明天一整天她都要尽量带着愉快的神情和笑容出现在学生面前。我把家里的电话给了她，请她第二天晚上告诉我实验的结果。第二天，电话铃响了，从她欢快的声音里，我就能听出实验成功了！"孩子们今天听话多了，"她说，"他们甚至还问我今天为什么那么高兴，这就等于告诉我，以后一定要努力，让他们看到更多的笑容。"

再补充一句，医学研究已经证明，微笑的时候，大脑就会认为这个人很高兴，因而释放更多的内啡肽，改善情绪，提高免疫力。

为了你的健康、幸福和不断的成功，请——微笑！

微笑能解决一切问题吗？当然不能！它能帮你改进学生们的举止问题吗？绝对可以！而且它的好处是不需要你花费分文，也无需提前计划。请回想一下，学生走进教室第一眼看到的是你的笑脸吗？他们离开学校与你再见时你是否同样面带微笑与他们挥手告别呢？

延展阅读

《老师怎么说，学生才会听》

当学生开小差时，当学生爱找茬不合作时，当学生像愤怒的火药桶时，当学生发生口角时……这些都是教师在课堂上经常遇到的场景，在这种情境下，教师该如何处理？什么是教师解决问题的最佳语言？老师怎么说，学生才会听？本书为广大教师解决课堂问题提供了锦囊妙计。

> 从空气动力学的角度看，大黄蜂是不会飞的，但是大黄蜂不知道这个，所以，它们都没有放弃尝试。
> ——玫琳凯·艾施，
> 玫琳凯化妆品公司创始人

给学生比实际情况稍高一点的评价

有一次听课的时候，我正好坐在讲桌旁。桌子上粘着一个小便条："引导学生对他们的未来充满自信。虽然最终未必人人都能实现既定的目标，但他们一定会因此而格外努力。"我迫不及待地想跟这位老师谈一谈。问及此事时，她笑了："这是我的教学理念。我相信，如果给学生比实际情况稍高一点的评价，他们就会努力地去达到那个目标。在对自己做不到的事情毫不知情的情况下，人们才勇于尝试。我一直都在引导学生对自己充满信心，一旦他们有了自信，就可以一往无前。"

这位老师的话相当精辟。告诉学生比实际上更好一点，他们就会做得比实际上更好一点，关键之处在于"一点"。如果一个学生造个句子都很难，就不要说他是一位优秀的作家。要审时度势，合乎常理。一大群年幼的黄蜂正在你的课堂上学习飞翔，不要说他们做不到，让他们飞吧！

> 我觉得我有做一切事情的勇气，
> 所以我不断尝试，不断努力。
> 很明显，你不太相信我的能力，
> 但是你选择藏起你的怀疑，
> 也或许是我更相信你，
> 我最终成为了最优秀的自己。

哪个学生是老师的最爱？

哪个学生是老师的最爱？
当然是我，这我很确定
什么？你觉得是你？
这完全不可能
当然，她对我们每个人都很平等
不偏不倚
她对我微笑，她对你微笑
她叫我们名字时，同样的亲昵
她在我遇到困难时总是施以援手
而她对你也从未有过丝毫放弃
她鼓励我们在梦想面前不要躲避
她制定的所有制度
我们一一遵照执行，从未抵触
究竟谁才是老师的最爱？
是你，是我，我们每个人无一例外

建议 75

让每个学生都成为你的"最爱"

我经常这样跟老师们讲，如果我走进他们的课堂，问问学生谁是老师的最爱，所有的学生都应该举手。如果有几个人没举手的，我敢断定这几个学生一定是些淘气包。没有感受到你的关爱的学生经常会通过不恰当的方式来引起你的注意，不过，可喜的是这件事的反面也是正确的，一旦学生相信你非常关心他，他就会尽可能地使你高兴：有礼貌，专心听讲，举止规范，而且每次都会按时交作业！很简单——学生们希望体验成功的感觉，希望被欣赏，被尊重。虽然做起来很难，你也应该把这件事放到首要的位置——让每个学生都相信他是你"私下里最喜欢的一个"。要实现这个目标，需要对每一个学生都有浓厚的兴趣，确保每个学生都有成功的体验，再通过一些细节，让学生知道你关心他们。告诉我一位把所有学生都当成"最爱"的老师，我就会告诉你这个班上一定没有任何纪律问题，而且每个学生都是成功者。

如果你要赢得一个人，第一，说服他，你是他真诚的朋友。

——亚伯拉罕·林肯

延展阅读

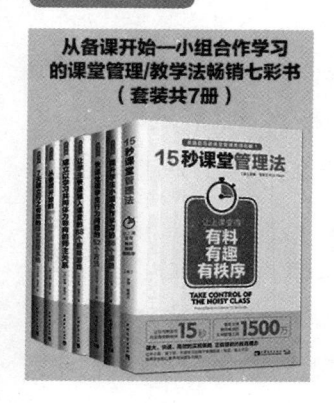

《从备课—小组合作学习的课堂管理/教学法畅销七彩书》（全7册）

《15秒课堂管理法》

《提升学生小组合作学习的56个策略》

《快速处理学生行为问题的52个方法》

《让学生快速融入课堂的88个趣味游戏》

《建立以学习共同体为导向的师生关系》

《从备课开始的1900个课堂活动设计》

《7天建立行之有效的课堂管理系统》

根据学生的实际水平，不停地督促他们前进。循序渐进慢慢推着他们走，只要体验到了成功的感觉，他们一定会比从前做得更好。

搭建成功的舞台

　　南森十五岁的时候，正上七年级。第一天他就走进教室，大声地跟我讲他转来这里仅仅是因为被另一所学校劝退，而且他根本就不想学什么，不过是等到能退学的年龄而已。我想，必须要做点什么，越快越好！"哦，对了，你的车不错。"他补充道。好，有了！他喜欢车。随后我开始让他讲讲关于车的知识，他知道的可真不少！讲课时，我尽量想办法把课堂内容和车或发动机什么的联系起来。很快，他的写作和阅读技巧都有了巨大的进步。他的基础很差，这样的教学方式正好适合他。我让他读的和写的几乎全是和车有关的东西。没过多久，他就告诉我课上学的内容都能让他联想到和车、发动机或摩托车等有关的东西。生平第一次，南森体验到了成功和被认可的感觉。那年，他没有退学，后来拿到了高中毕业证。很多年后，有一次我正在当地一所便利店里加油，突然听到一个浑厚的声音："拥抱一下，好吗？"原来是南森！现在他是一名非常出色的汽车技师，每月的工资比我多好几倍呢！

　　只有成功才能孕育更多的成功，这是一条亘古不变的真理。但是，大部分学生上学时对成功的体验却少之又少，事情本不应如此。作为教师，我们的主要工作之一就是让学生们体验到成功，这样他们才更有激情触及下一个成功。南森就是一个很好的例子，他需要的就是体验成功。从某种意义上来说，每个学生都是南森，每当我们品尝到成功的甜美，我们都有强烈的冲动追求下一个成功。

根据个人的标准来衡量，每个学生都是成功的。每一次成功的体验必然会促使他去争取更大的成功。那么，你会怎么做呢？

根据他们的实际情况，不断地督促他们前进吧，让他们相信自己能行，他们就做得到！

延展阅读

《提高学生学习效率的9种方法》

突然在这本书中找到了自己多年来一直在使用的很多教学技巧和方法的根源，也明白了为什么自己在教学中有些方法会失败的真正原因。这是一本提供智慧与策略的书。

第 5 章 积极与和谐：构建成功的师生关系 · 165

一句赞美，能让我回味两个月。
——马克·吐温，美国作家

给予积极的反馈

研究已经反复证明，在学生心中，多次正面和积极的评价才能抵消一次负面和消极的评价。但是，在大部分的学校里，负面评价的比例要远远超出正面的评价。我们都知道，积极的环境比消极的环境更有助于学生之间的合作和共同进步。可惜的是，我们的课堂总是充斥着这样的声音："别那么干！""住手！""安静！""注意了！""坐直！""到办公室来！"等等，这种场景对我们来说太熟悉了。

为了看看能否扭转这种局面，我和一名同事决定做一个实验。到目前为止，共有二十多所学校参与了这个实验，结果无一例外——令人振奋，我们来看看到底是怎么回事。首先，我召开了一个简短的教师会议，告诉他们要进行一个实验，来测试课堂上老师们正面用词和负面用词之间的比例。随后，我请他们来配合一下，并希望他们用事实来推翻原有的研究结果，他们答应了。然后，我又告诉他们，我和同事会在每个课堂里呆五分钟，统计每位老师各自的正面和负面用词数量。所有的微笑、表扬、给学生的建设性意见、教室墙上张贴的"积极"的标语和已经对学生所作的正面的评价，都会得到相应的分数。此次实验的唯一规定是不能让学生有所察觉，此外，开展实验的具体日期我也告诉了他们。实验开始之前，总有一两位老师来找我，说：

"不应该告诉他们具体的时间啊，这样的话，那些态度消极的老师到时就伪装得很积极了。"我向他们表示感谢，并保证一切正常。你看，他们还没有意识到这是我专门设置的"小圈套"呢！

实验当天的统计结果显示，在每所学校，正面用词与负面用词的比例差不多都是25~50∶1。而且那天被叫到办公室的学生人数也大大下降了。简直难以置信！老师们微笑着，学生们微笑着，学习效果显而易见。整理了结果后，我又把员工们召集到一起。一开始，我向他们拥有这么一个积极向上的工作环境表示祝贺。我的评价里都是积极的用词，老师们的脸上写满了骄傲。他们也非常高兴地看到，在完全不知情的情况下，学生们今天竟然特别听话。接下来，就是这次实验真正的意图了：我已经给你们的教学上了非常有用的一课，一切都是为了你们的成功。之所以告诉你们实验的具体日期，就是因为我相信这样会让你们比平时上课更加积极。你们瞧，我可没想在你们消极行事的时候，故意去"抓现行"。如果这次实验是突击进行的，结果可能就不这么理想了。如果我再给你们一些负面的评价，一味地要求你们改变态度，你们可能就会为自己辩解，心里充满了怨恨。相反，我给你们设置了一个成功的起点，全部的目的，就是想让你们知道，积极的态度非常重要——非常。记住，唯一不同的事情是你们的态度和方式，学生们对此并不知情，他们不过是在积极的课堂上，做出了相应的积极向上的反应而已。

"这就是你们开展教学的正确方法，"我告诉他们，"如果想让学生为成功而奋斗，你自己必须先有一个积极的态度，随时为他们提供正面的反馈意见，并对每个学生的能力都充满信心。"

哦，还有一件事也从不例外——每所学校负责纪律问题的副校长们总是一次次地邀请我下次，下次，还有下下次再到他们的学校去。

将你的信仰说出来，总有一天你会见证它的实现。

告诉我，我就是这样的人，然后看着我成为那样的人。

一位聪明的老师

有一天，作业是画画，但我不知道该画什么。所以决定一笔都不画。

老师惊奇地看着它，"白云朵朵，羽毛一般，我可以把它挂在墙上吗？"她说。

我想她一定是没看到，其实我什么都没画。

然后她就把我的"画"，张贴起来给大家看。

我求她让我把画带回家，画上了天空，又画上了太阳。

认真想一想，难道她真的不知道，我什么都没画？

也许是我骗了她，但也许是聪明的她，用了个小小的计谋，就让我真的画了幅画。

——安奈特·L·布鲁肖

学会心理"战术"

有多少老师会利用上面这首诗里老师所运用的心理方法？有的会，但大部分不会。通常，老师留作业，学生一字不写，然后就不及格。可是，这对学生的提高没有丝毫益处！只要你学会使用心理"战术"，一定能让孩子们听话地完成任何作业。最近，就有这么一个绝佳的例子。课程协调员（以前也曾是一位经验丰富的教师）利兹·叶芝去听一位老师的课，在这之前，这个班上一直有个学生让老师很头疼。一上课，利兹马上就找出了这位学生，她个子很高，年龄偏大一些，总是能用一些"很特别"的方法引起别人的注意：站起来到处走动，信口回答老师的问题，作弄别的同学等等。下课之后，利兹请这位老师允许她和这个学生单独谈谈。这个学生就跟着利兹走出了教室，利兹先做了自我介绍，她说："我是利兹，在学校董事会工作。我一眼就注意到了你的行为。"现在这个学生真的以为自己有大麻烦了。利兹接着说："我发现你总是能独树一帜，很有领导才能。"这个学生大吃一惊，乖乖地听她说下去："我还发现你知识面很广。"（你看，她注意到了虽然这个学生总是信口开河，但她说的都是对的！）"你有没有想过长大做一名教师呢？"利兹接着说，"要知道，如果你能学会稍微控制一下自己的行为，不仅是你自己，别人也会跟着从你的技巧和能力中受益！真的，你很有天分。"这个学生真诚地向利兹道了谢，然后回教室去了。随后，利兹把一切都告诉了那位老师，而且，这位老师决定日后也试试这样的心理策略。半年后，当利兹再次走进那个班的时候，那个学生马上就朝她跑过来，嘴里呼唤着她的名字，还给了她一个大大的拥抱。她说："我决定当一名老师了，现在我正为此而努力呢！"老师告诉利兹，现在这孩子已经是一个模范生了："她积极参与课堂活动，非常听话，休息时间还能帮那些过去总受她欺负的同学辅导功课呢。简直难以置信！运用一点小小的心理技巧竟然能有这么大的收获！"

正确地运用心理"战术"，就是这么威力无穷！当然，运用心理方法还需要老师有正确的态度。优秀的老师知道，"态度"决定着课堂上的成败。所以，请首先确立"为帮助学生"而帮助学生的态度，下定决心变消极为积极。要乐观，尽一切可能让学生们知道你对他们有信心，特别是事实上你很难做到这点的时候更要乐观。

大胆向前，勇于尝试，你无需额外付出，但你的学生却会因此而获得许多。

> 让脸庞朝向太阳，
> 你就不会看到阴影。
> ——海伦·凯勒，
> 美国盲人女作家

关注课堂上积极的事情

有一次，我现场聆听了一位励志演讲家的演讲。这位演讲家通过一个活动向听众传达了一个意义深远的主题。首先，他让观众环视四周，在30秒的时间内找出并记住房间里所有黄色的物体。活动开始后，参与者们迅速浏览了一下房间，识记黄色的物体。30秒后，演讲家让他们闭上眼睛，说道："好了，请在你们的脑海里列出房间里所有黑色的物体。"参与者们吃了一惊，完全想不起来房间里有什么东西是黑的（他们的眼睛还闭着）。演讲家让他们睁开眼睛，再次环视四周，这一次，他们惊奇地发现，房间里黑色物体的数量远远超出了黄色的物体。但是，因为一开始他们只关注黄色，所以也就只看到了黄色的物体。这其中有什么含义呢？"让脸庞朝向太阳（黄色），你就不会看到阴影（黑色）。"随后，演讲家把这次活动与实际生活——我们关注的日常生活——联系了起来。同样的原则也适用于课堂，在课堂上，不管任何时候，肯定（黄色）和否定（黑色）的东西都是均衡的。仔细想想，如果我们只关注消极的东西，找到的也只有消极的东西。与此相反，如果我们只关注积极的一面，找到的自然也就是积极的东西。一味地寻找"不对劲"的地方，人就会变得消极，有挫折感。很多老师在课堂上只把目光停留在消极事物上，所以我们经常听到这样的话："别那样干！""坐下！""坐直了！""别动！""你注意点行不行啊？""这不是你说话的时候！""安静！""别让我把你送到校长那去！""如果你再这么干一次的话……"有意思的是，往往是老师不让学生干什么，他们偏偏会那样干。因此，不能不说课堂上一些错误的行为举止其实都是老师引导不当的结果。相反，在那些善于关注积极事物的老师的课堂上，你听到的是下面这些话："谢谢你举手。""干得不错！""谢谢你这么专心地来做这件事。""我为你骄傲。"同样，学生们也会尽量满足老师的期望，因为在这种情况下，积极的行为受到了表扬和鼓励。这里我们不是说积极的老师上课时就从来不会遇到消极的事情，当然也会，但是在他们的课堂上，消极的事情发生的几率非常小，而且通常也被处理得非常得当。这样，反过来又进一步激励和鼓舞了学生们良好的行为举止。

优秀的老师深知，关注课堂上积极的事物（黄色）能够培养和造就积极的行为，从而遮住并最终完全吞没所有的黑暗。

延展阅读

《追求学习结果的88个经典教学设计》

88种经典课堂活动促进学生语言、数学、逻辑、科学、思维全面发展，在丰富的课堂活动中开发孩子的创造力、观察力、思维力、记忆力、动手能力、注意力、语言表达能力、模仿能力！

教室里展示着我们参与的项目的创作
四周的墙面张贴着我们的画稿
有些作品甚至在画廊中展出
教室充满欢笑
我们希望再接再厉
因为我们是老师的骄傲

展示学生作品

最近，我听了一节九年级的自然科学课。一进教室，立刻注意到墙上贴满了学生的作品和他们学习时的照片，除此之外，再无他物。老师对学生们说："给布鲁肖老师讲讲你们都学到了什么。"学生们争先恐后地给我介绍起了教室里陈列的自己的项目和墙上张贴的样本。我对其中的一个项目做了个简单的评价，它的"主人"马上就把我领到了一组"工作照"前，照片上按时间记录了他从头到尾完成这项目的全过程。学生们兴趣高涨，每个人都想给我看一些东西，讲讲自己的成就。令人高兴的是，老师就在旁边笑盈盈地看着，没有丝毫阻止他们的意思，让他们尽情地骄傲地展示自己的成就。有一个学生甚至还提议立刻拍一张照片，把他们认真讲解自己作品的样子记录下来。老师随即拿起相机，抓拍了几张当时的照片。有一个学生说："再来看一个失败了的实验吧。"他把我领到一张下方贴有一个小条的照片前，上面写着："吃一堑，长一智。"

那位老师告诉我，这个班级是属于每一个学生的，每个学生都是它的主人。"您看到了吧，"他说，"每个学生的作品墙上都有张贴。因为在我的课堂上，每个人都能体验到成功。不过，您也看到了，墙上没有任何一份批改过的作业。我不希望看到墙上是优等生的'地盘'。对有些孩子而言，这是他们第一次拿自己的作品给别人来欣赏。而且，我发现，照的照片越多，他们学习就越刻苦，他们也喜欢看到自己努力的样子。"

关于学生作品展示，我问他有什么建议愿意跟其他老师分享。他笑了笑，说道：

"在教室里尽情展示学生完成的东西，让每一个学习的良机都成为'柯达一刻'。"

延展阅读

《美国最好的中学是怎样的》

看美国教育如何在培养应试者和学习者之间寻找平衡。

像对待理想中的他们那样去对待每一个人,并且帮助他们成为他们应该成为的那种人。

——约翰·沃尔夫冈·歌德,
德国诗人、作家

给予学生积极的期望

很多年前和一位学生之间的经历让我永生难忘。开学前一周,我去参加了一个教师家长联谊会。一对父母跟我说:"我们提前为拉妮莎的态度向您道歉。""您的意思是……"我问道,心中充满了疑惑,因为我还没见到这个孩子。"唉,她的态度可真成问题,教过她的老师都会这么跟你说。在家里,天天都这样,我们三番五次地告诉她这样不好,可是一点儿作用都没有。如果她有什么问题,请一定告诉我们,让我们来解决。"看来,从第一天起就必须重视这个问题,所以我决定不放过任何一个机会来寻找拉妮莎身上积极的一面,哪怕是一个小小的暗示。说实话,我有点担心和她见面,但还是抱着很大的期望。开学第一天,拉妮莎走进教室的时候,我先做了个自我介绍,她很不情愿地和我握了手。然后我说:"看起来你非常值得信任,你愿意帮我把这封相当重要的信转交给教学秘书吗?"(信封是空的,这是我们事先安排好了的。)"好的,老师。"拉妮莎答道,脸上露出了一丝笑容。"太谢谢你了,"我说道,"我喜欢你的微笑,你的礼貌,还有你的态度!"从那一刻起,拉妮莎在班上的态度一直都是其他学生的榜样,但是我还是从来都没有停止表扬她。六个星期后,有一天下课后,拉妮莎向我转交了一封她父母写来的信。"里边是什么呀？"我问道。"我父母写的信，她们想告诉你我在家里的态度已经有了很大的改善，想和您说一声谢谢。"我假装对她的过去毫不知情，说道："为什么要说'改善'呢？你的态度已经再好不过了。在我见过的七年级学生里，你是态度最端正的学生之一。"拉妮莎接着讲了很多她过去的事：在家里，在学校里，人们都说她脾气不好，态度也不端正，希望她改改。其实这一切我早就知道了。"那你为什么突然改了呢？"我问她。"我想了很多，"拉妮莎回答，"还记得开学第一天，你跟我说我态度很好吗？那时候我想或许是你还不太了解我，更或许是我身上也有好的一面有待挖掘呢。你是第一个对我做出积极评价的人。既然你希望我这么做，那我为什么不呢？"

学生们愿意实现你对他们的期望，上面不过是一个小小的例子，但意义却非常深远。在他们学习和与别人相处的过程中，如果你满怀期望地对待他们，或者从一些小小的成功入手，并且利用这些成功来逐步消除自己对他们的一些消极期望，那么他们就会真正地发挥自身的潜力，成为他们应该成为的人。

对生活期望什么，它就给予我们什么，学生也是如此。

延展阅读

《杰出青少年的7个习惯》

对于卓越教师来说，最事半功倍的秘诀就是让学生养成良好的习惯。

我希望我的老师了解我
我希望我的老师了解我
而她却总是给我视而不见的感觉
如果她不这样，如果她更加体贴
她就能看到隐藏在我内心深处的美
她一定会为此感到惊讶
——安奈特·L·布鲁肖

了解每一个学生

有位老师遇到了一个"问题"学生，所以打电话向我求助。她跟我描述了这个"问题学生"的情况，我们就叫他T.J.吧。据这位老师讲，T.J.懒惰、叛逆、注意力不集中、没有同情心、不尊重人。在课堂上很少完成老师布置的功课，更是从来不做家庭作业。事实上，这位老师曾把这个学生交给过校长，但仍然不见效果。"你了解他的家庭情况吗？"我问。"我没时间了解这些学生的家庭情况。"她答道，"学校的工作我都应付不过来，回到家里，还有很多私事。"后来证实，T.J.的父母被怀疑买卖毒品。T.J.和他的姑姑、叔叔、表兄妹还有一些不知道是什么关系的人生活在一间小公寓里。T.J.的床就是一块搭在浴缸上的板子。除此之外，他还要面对一个只因为他不交作业，就把他送到校长那里的老师。当我把我了解到的T.J.的生活状况告诉这位老师时，她震惊了。她也意识到，T.J.为什么不是一个模范生了。"哦，"她说，"看来是我有问题。"

看来，每个孩子都有自己的故事，这些故事或是美好的，或是不幸的。但不管怎样，尝试着了解孩子的个人情况（当然，不能窥探隐私），是至关重要的。这样，孩子在我们眼中的形象就会变得更鲜活、更真实，我们也会意识到，所有人，不管是大人还是孩子，都有自己要面对的问题。这样，我们就能更容易理解孩子，也会知道如何才能帮助他们。尽管我们不能改变学生的家庭状况，但是我们可以尽最大努力让他们拥有积极向上、健康成功的学校生活。T.J.应该有一个愿意了解他的老师，一个把他作为真实的人来关心的老师。其他学生也是一样。是的，你不可能了解每个学生的方方面面，但是对每个孩子的情况都有一些了解，并不是什么难事，也是很有意义的事。

高效能教师善于发现被那些孩子偶尔隐藏起来的优点。

延展阅读

《改善学生课堂表现的50个方法》

优秀的教师是积极热情的，他们能看到学生的闪光点，他们知道自己具有强大的力量，足以触碰学生的心灵并影响他们的未来。他们懂得通过关心、认可、鼓励学生，让学生不断进步，每天都有更好的表现。

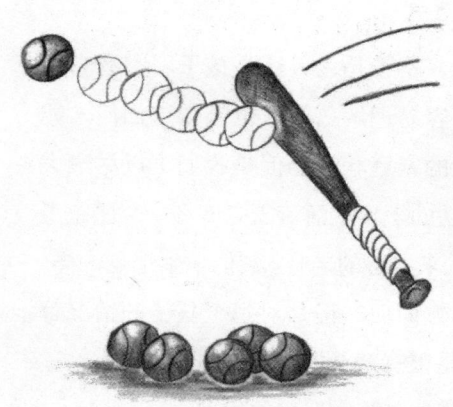

棒球巨星巴贝·鲁斯在他的职业生涯中，本垒打的记录达到了714个，而三击不中的记录则高达1330次。

不求完美，只求进步

在棒球运动中，很多"大师"凭借着一生中300点或者更少的击球率而走进成功的殿堂。也就是说，他们失败的几率竟然达到了70%！但是，这丝毫不能影响他们的成功——他们永远是大师级的人物。但是，上学的时候，一个学生的成功率必须达到至少70%，才能勉强通过考试。想象一下，在生活的哪个领域里我们的成功率还能高达70%以上？我敢打赌，你找不出来。在足球比赛中，从技术角度上来讲，每一脚球都应该得分，可事实上也并非如此。但是，虽然不得分，教练依然会做同样的安排，为下一次的成功打好基础。

再去找找有没有哪位家长教给孩子的东西，70%的时候都一教就会？显然没有。或者，再去找一位能有70%成功率的股票经纪人！如果找得到的话请你给我打电话！

关键之处在于，我们经常给学生贴上失败的标签，却不知道这恰恰是自己的错误——求全责备，一味地要求每个学生都有完美的表现。也难怪，我们上学时受到的就是这种教育。如果一份试卷里有100个问题，而你答对了95%，那么你会立刻找出那5个答错的，而不是那95个答对的。这是事实，而且很多人会因为考不到满分而情绪低落。从和一位老师的谈话中，我得知她的学生根本就没有体验过任何的成功。

建议 83

仔细观察了一下，我发现这些孩子之所以学习那么吃力，就是因为所学内容大大超出了他们的实际水平。令人惊奇的是，每次考试他们还能考到50分或更多呢。很显然，他们有潜力可挖，我把这点告诉了这位老师。我和她说："等一下我会用汉语跟你说话，用汉语给你上课，而且还要用汉语给你考试，你觉得你能考多少分呢？""天哪，我对汉语一无所知，肯定是考零分了！"她说。（我也不会说汉语，不过是讲个道理而已。）"难道你不认为最少能考50分吗？"我问，"绝对考不了！"她说，"这就对了，你现在给学生教的东西远远超出了他们的实际理解能力，所以学起来才很吃力。这就像是你用一门完全陌生的语言跟他们说话，给他们上课和考试。可是，他们现在考了50分了，你看，他们有多大的潜力可挖！"我感叹着。"我可从来没这么想过，"这位老师答道，"我明白你是什么意思了，我需要说他们听得懂的语言，根据他们的实际水平开展教学。""对极了，"我说，"然后再一步步往前走，他们的进步，不断展示出来的潜力和巨大的成功一定会让你惊喜不已！"我又补充了一句。

果然，第二天，这位老师就开始根据学生的实际水平进行教学了。不到一周的时间，学生们都取得了进步。学期结束的时候，所有人都通过了考试。对，他们没能得到优秀，但毕竟通过了考试。在课堂上，我们一定要教给学生真正重要的东西，那就是不断进步。完美并不是不可企及，但不切实际地追求成功，只会让你压力过度，情绪失调。每个人都能获得成功，但必须一步一步来；本垒打是完美的，但三击不中也可以不断地帮你提高球艺。

正是积极地从一次次的"击球不中"中吸取经验教训，很多人才最终走向了成功。

> 很多孩子的内心世界，都埋藏着地雷，稍有不慎，一触即爆。侮辱性的语言无疑就是危险的引爆物。
>
> ——海姆·吉诺特，
> 美国临床心理学家

切忌冷嘲热讽

"现在什么时间了？"有个学生问道。"告诉你，现在是你该闭嘴的时间。"老师答道，语气刻薄。我在他们的教室里呆了大约十五分钟，知道这个学生已经埋头学习了好一会儿，一定是累了。"为什么这么挖苦人呢？"我很纳闷。没过几分钟，大部分学生都已经写完了作业。很自然地，一些孩子开始交头接耳。"拜托！"老师大声叫道，"你们要做的是学习，而不是说话！""可是我们写完了呀！"有几个孩子回答。"好吧，千万别让我找出什么错误来！"老师说。"我不会做第四题，"又有一个学生说道。"看看吧，如果你忙着用脑，而不是用嘴，你的思维就能更集中一些，不是吗？"老师已经有一些愠怒。此时，几乎全班学生都开始叽叽喳喳了，而这位老师，越来越生气，终于和一个学生"短兵相接"了："再说一个字，就给我到办公室去！"老师大喊着。"大家都说话，凭什么就我一个人去？"学生毫不客气地回敬，"要去都去！"

情况越来越糟，这位老师感觉受到了不应有的对待，委屈得很。但是，她不知道，恰恰是自己那种消极讽刺的口吻激起了学生的反唇相讥。根源问题还是课堂管理方式欠妥。不管到底是谁挑起了事端，老师都不应该在课堂上使用讽刺性的言辞。冷嘲热讽，只能说明老师无法有效地控制局面，缺乏职业能力。对大多数学生而言，生活里的讥讽已经够多了。作为老师，我们的责任就是帮助他们消除这些话语的不健康影响，让他们建立自信和勇气，并且起到一个良好的示范和表率作用。

现在是什么时间了？是我们该好好地自我反省，检查一下自己对学生的态度，从此不再使用讽刺性言辞（哪怕是一点点）的时候了。

延展阅读

《重新设计一所好学校：简单、合理、多样化地解构和重塑现有学习空间和学校环境》

北京十一学校联盟总校校长李希贵郑重推荐。世界知名的学校设计大师普拉卡什·奈尔从丰富、创新的校园设计实例和插图入手，重新思考及重新想象有关学校学习和教学空间——从校门口及公共区域、教室和走廊、实验室等功能空间、教师的工作区、图书馆、操场、教师休息室——重新设计学校空间，打造成激发学生大脑潜能的学习乐园，让学习和学习环境之间的互惠年复一年地迭代。

第5章 积极与和谐：构建成功的师生关系 • 181

我从来没有想过她也跟我们一样

今天我在杂货市场看见我的老师在购物
啊？她也来这样的地方？
我从来没有想过她也跟我们一样
我偷偷地看了一下她的购物筐
她买的也是很普通的物品
她边走边看
与其他人并无两样
我原以为她每天住在办公室
但如今看来，她也不是高高在上
我从来没有想过她也跟我们一样

——安奈特·L·布鲁肖

对待学生要"人性化"

如果你曾经在杂货店或其他公共场合遇到过学生，你一定对上面列出的事实深有同感。学生认出你的时候，简直就像是遇到了什么大人物。"喔，天哪，老师也来买杂货呀！"那一刻，他们会下意识地不把你看作是"人"，你是老师，事情就是这样。虽然学生与老师的确应该有一条界限，但是，我们还是都想也都应该在学生心中树立一个"人"的形象。

在《开学的第一天》里，作者建议老师们每人都制作一个"个人公告板"。我们学区的很多老师都采纳了这个建议，它非常受学生欢迎。做起来很简单，做一块公告板，在上面写下个人的情况：爱好、兴趣、学生照、成绩单、全家福、所获奖项以及学历等等。虽然简单，但却可以让学生觉得你非常有人情味儿。他们需要知道，你也是一个活生生的、有血有肉的人，就像他们一样，而且上学时成绩竟然也就是中上游！

来试试吧，满怀人情味地对待学生，他们就会更加尊敬你。

定义：

第一人称——说话人（我，我的……）

第二人称——听话人（你，你的……）

第三人称——被提到的人（她，他，它，他们……）

使用第一人称指自己

为了强调这一点，我想这样——使用第三人称——跟你们说话。请想象我们正呆在一间教室里，现在我开始讲话："布鲁肖老师很高兴你们正在读布鲁肖老师的书。她希望这本书对提高你们的教学能力能有所帮助。她也非常希望你们能特别注意一下使用第一人称说话到底有怎样的意义。"

我提及自己的时候，仿佛自己不在场，或好像是提到根本不相干的人，这难道不奇怪吗？正常的说法应该是这样的："很高兴你们正在读我的书。我希望这本书能对提高你们的教学能力有所帮助。我也非常希望你们能特别注意一下使用第一人称说话到底有怎样的意义。"

那么，为什么有那么多老师在跟学生提到自己的时候，喜欢使用第三人称呢？听起来是这样的："早上好，同学们！布鲁肖老师请你们拿出自己的语言课本。"我想你们一定注意到了，只有老师才会这么说，绝对的。我还没有听到任何一个从事其他职业的人使用第三人称指自己呢。老师们不知道，他们这样讲话，比如"布鲁肖老师为你们感到骄傲"，其实是在显示一种自我优越感，而且会使自己和学生间的关系疏远，或者会在彼此之间制造出障碍来。我还发现，很多老师都是无意识的脱口而出。这是"学来"的坏习惯，所以请你们想想自己上课时是不是也这么干。如果是的话，那就一定要注意了。

使用第一人称说话是人们最自然的沟通方式，也会让你的每一句话听起来更加亲切。

延展阅读

《凭什么让学生服你》

一百多个教育实例就是一百多个饶有趣味的小故事，穿插在每个章节之中，展现了一位名师的教育艺术，机智幽默的对白，独具匠心的设计，妙趣横生的情境，让读者在不知不觉中，感受到了作者育人的热情，也领悟到了教育的真谛。

你的慈爱

你给我的慈爱
对我来说它有强大的内在
当你看到我犯下的错误
当你看到我的眼泪如注
你的慈爱消除了我的恐惧
当你看到我已经承认错误
你的慈爱给我一个新的出处
不再想蜷缩着躲进角落
我计划着新的开始与收获
尽管这些都是很多年前发生的事情
您的慈爱依然触动着我的心灵

小事不小

经常听人说"小事不小",是的,完全正确。背上的轻轻一拍,或者一个小小的微笑就可以赶走一个人心中的阴霾。课堂上,一件小事照样也会对学生产生重大的影响。而且,这无需你额外做些什么。

下面列出了一些能够对孩子产生重大影响的小事情:

◆ 向学生祝贺生日;

◆ 带着笑容迎接学生走进教室;

◆ 向学习任务完成比较好的学生提出表扬;

◆ 给家长打个电话,告诉他们各自孩子在课上所取得的成就;

◆ 在学生的作业上写一些鼓励性的评语;

◆ 看望生病的学生,至少要打个电话问候一下;

◆ 给送你礼物的学生写句感谢的话;

◆ 留意学生的新发型;

◆ 参与各种学校活动，给学生们鼓劲；

◆ 询问学生的爱好和兴趣；

◆ 留意和鼓励学生取得的哪怕是一点点的成绩。

当然，这仅仅是几个例子而已，但是，它们可以随时提醒我们记起那些容易被忽略的事。

记住，多做几件这样的小事，学生们会因此有很大不同，而你自然也会有所收获。

延展阅读

《<道德经>妙解、导读与分享》

国学研究专家、人大附中名师，倾情妙解、导读与智慧分享，独到、旁征博引的文字内容，让人眼界大开，豁然读懂深意。与众不同的六个版块，解除学习国学经典的障碍，用更短的时间，感兴趣读，并很快读进去；知晓传统文化经典应该读什么，怎么读；在读经典中，学习知识，读有所思，读有所得，读后有行动；穿越历史时空，走进古代圣哲心灵，获得人生智慧。

客观事实：维护一个孩子的尊严，你将永远地留在他的心间；夺走一个孩子的尊严，你要面对的报复可能是没有尽头的。

答错题的学生也需要尊严

在建议18里，我们已经讲过避免和学生"角力"的重要性。从多次听课的经验中，我发现在下面这两种情况下，老师最容易跟学生起矛盾：要么是学生答错问题，要么是学生故意答错问题。让我们来看一个实例，课堂上正在讨论美国总统，老师提问，我们的第一任总统是谁？坐在后排的一个学生举手回答，他给出的答案竟然是一个脱口秀主持人的名字，全班同学觉得这个答案很荒谬都大笑起来。此刻老师必须做一个选择：或者大发雷霆，让这个学生看看到底谁厉害，或者一点点地消融这个学生的力量，谨慎地否定这个答案，做到不动声色，泰然自若，同时还能维护这个学生的自尊。如果选择前者的话，她可能就会带着满腔的愤怒和怨气这样说话："很有意思！你走的是喜剧路线？记住，不知道真正的答案就别胡说八道。"当然这只会火上浇油，导致这个学生以后变本加厉。但是，让我欣慰的是，老师选择了后者。她镇定地看了那位学生一眼，说道："我完全了解你是怎么想的。你认为总统一定是男的，正好，这名脱口秀主持人和总统都是男的。你还认为总统一定很出名，碰巧他们两个也都很有名，思路很广啊。现在还有谁能告诉我第一位总统的名字？"此时，另一位同学说出了正确的答案。这个学生"哗众取宠"的"阴谋"自然也就不攻自破了。他

建议88

第5章 积极与和谐：构建成功的师生关系

看上去很吃惊，想着自己的回答可能还不那么糟糕，因为毕竟老师还给他打了几分。在剩下的讨论时间里，他一直都非常积极。有那么一两次甚至还主动举手答对了问题。

　　下课之后，我向这位老师处理问题的方式表示了赞扬。她说："哦，对了，这个学生是新来的，他不过是想尽快地融入到课堂中来，所以，我一定要尽可能地帮他实现这个愿望。另外，我可不会为这种事情而大发脾气，还有更重要的事情要做呢！"

　　就在同一天，我在另一个班上看到有个学生答错了问题，但他是真的不知道正确答案，而不是故意的。听到答案后，老师说："这个问题我们讨论了一周，你怎么搞的？"我吃了一惊，随后看到那个可怜的学生尴尬极了。剩下的时间他一动不动，一声也不出，又被老师当作不专心责骂了一次。学生完全沉默的时候，我们就失去了他们。如果是我们使他们闭口不言的话，那么课堂上除了成绩问题，纪律问题也在所难免了。要知道，学生们可能答错问题，但至少他们在积极地参与啊！而且错误的答案也能向我们反馈学生对某一项内容的实际理解程度。秘诀就在于，无论学生是有意还是无意答错了问题，我们都应该维护他们的尊严。

　　只有学生们认为自己受到了尊重，才会有积极的长久的效果，反过来也一样。如果老师不去维护甚至随意践踏学生的尊严，他们要面临的可能就是无法了结的报复。

我的老师总喜欢唠叨和抱怨
我索性闭口不言
后来我知道这不是解决问题的关键
因为她依然唠叨连天

切忌"唠唠叨叨"

要描述什么是"唠唠叨叨",最好的方式是先用老师的词汇给它下个定义。"唠唠叨叨"的意思就是:几个词就能说清楚的事情,非要长篇大论,滔滔不绝。来看一个例子:有个学生总是不能按时交家庭作业,有一天,她终于按时交了一次,爱唠叨的老师就会这样说:"玛丽,你为什么不能每天都按时交作业呢,能交第一次,就能交第二次。难道你不觉得按时交作业非常好吗?如果你每次都能按时交作业,我就不用惩罚你,也不用总是为你操心了,这样的话我们两个都高兴。我希望你能从中吸取教训,好吗?"你注意到这位老师是怎么讲个不停了吗?这就是唠叨。现在再让我们来看一个不爱唠叨的老师是怎么说的:"好极了,玛丽!谢谢你按时交作业,我为你感到骄傲。"在这幅场景中,我们就看到了老师应该如何鼓励学生,而不是唠叨个不停。学生们对鼓励的反应要比唠叨积极得多。(大人也如此!)

现在,为了不让你觉得我是在唠叨,就此打住,因为我已经说得足够清楚了。

笑　声

笑声，笑声，动听的笑声
发自内心的大笑让你笑到肚子疼
每次想到那些好笑的事情
笑声就有一次回来报到
笑着笑着，你忘却了忧愁与烦恼
所以，经常笑一笑
生活的苦闷从此雾散烟消

—— 安奈特·L·布鲁肖

与学生一起欢笑

人们已经对笑的作用展开了很多研究，也写了很多关于笑的书籍，主题基本上都是一样的：笑声是最有效的药物！人们在开怀大笑的时候，大脑里就会释放更多的多啡肽，提高人的免疫功能，同时也可以让人的心情更加愉悦。充满笑声的环境，让人感到放松和快乐。我曾经读过一篇学术文章，里面讲到，孩子平均一天要笑几百次，而大人还不到二十次！也许这就是为什么孩子比大人更快乐更健康的原因。孩子们喜欢能和他们一起欢笑的老师，当然，发笑也应该分时间、分场合，这是常识。但是当合适的机会来临时——课堂上经常有这样的机会——请和学生一起开怀大笑吧。

遗憾的是，很多老师都承认他们很少和学生一起笑。有一次我问一位老师为什么会这样，她说："因为上课是一件严肃的事情啊！"不难看出，管理学生的课堂行为对她来说不是件容易的事。学生们不能和老师一起开心，所以他们就不和她玩了。这很好笑吧，你觉得呢？

经常笑一笑，生活的苦闷从此雾散烟消。

你杯子里的水，是"只剩一半"还是"还有一半"？

做一个乐观向上的人

请你仔细阅读并思考下面这两首诗，然后再看看自己杯子里的水，是"只剩一半"还是"还有一半"……

哦，我好痛苦

哦，我好痛苦，我是一名老师，整天穷于应付一帮孩子。

他们粗鲁野蛮，我必须严加管教。

拜托！三点半之后不要跟我讲话——我声音嘶哑，一年至少如此经历二十次，年复一年，日复一日。

学生们又懒又没有礼貌，可他们看我的眼神仿佛我就是个疯子，如果不是因为学生，我的生活会精彩得多，我的工作也不会像是个活地狱。

说到这里，我得赶紧走，校长来了——马上要去上课！

——安奈特·L·布鲁肖

我是一名老师

为黑暗的灵魂点燃一朵火花，温暖无数冰冷的心房。

抬头远眺，我看到，每一张脸背后的故事，每一寸肌肤深处的伤痕，我赠水解渴，抚平伤痛，给人们送上用之不竭的食粮。我感动，我爱，我笑，我哭，随时随地，有求必应。

但是我的所得，却远远超出了付出。

我是天底下最富有的人——因为，我是一名老师。

——安奈特·L·布鲁肖

如何选择取决于你自己，请做一个乐观主义者吧！

> **延展阅读**

《跳出教育的盒子》

这是一本贯穿教学全过程的实用指南。简单实用的方法、策略和行动建议，使教学效果立竿见影，指明从优秀迈向卓越的成功道路。

> 人类最恒久的本性，就是渴望得到欣赏。
> ——威廉姆·詹姆士，美国社会心理学家

经常向学生表示感谢

在建议88中，我们讲到了小事也可以对学生造成巨大影响这一客观事实。说声"谢谢"也是其中的例子，它有如下好处：

- ◆ 完全免费；
- ◆ 让学生知道你关心他们；
- ◆ 让学生感觉到自己得到了欣赏，与众不同；
- ◆ 向学生示范得当的行为举止；
- ◆ 鼓励学生不断进步，让全班同学都受到鼓励；
- ◆ 有助于建立一个积极向上的学习环境。

有一次，我有幸聆听了一位老师多次向学生道谢——比我听过的任何一位老师都多。听课时，我多次听到她这么讲："谢谢你马上就开始学习。""谢谢你与我们分享。""谢谢你懂得课堂上不能嚼口香糖。"（这是跟一个正在嚼口香糖的学生说的，他马上就把口香糖包起来扔掉了。）"谢谢你没有把课间的问题带到课堂上，我知道这很难，如果你愿意谈的话，我们下课再说。谢谢你的理解。"（这是跟一个正要把课间休息的问题带到课堂上的学生讲的，听到老师的话他立刻安静了。）"谢谢你回答问题。""谢谢你犯了这个错误，它能让我们从中吸取教训。""谢谢你记得把作业带来。""谢谢你的帮助。"……

建议 92

第5章 积极与和谐：构建成功的师生关系

不出我所料，这位老师的课上没有任何纪律问题。这难道不是一个奇迹吗？每年她的班上都安排很多刺头学生，但在她的课上，所有的学生都非常听话。他们彬彬有礼，刻苦勤奋，非常地爱戴她。

记住，说声"谢谢"不会让你损失什么，但你的所得却是无价的，经常向你的学生表示一下感谢吧。

延展阅读

《快乐教学：如何让学生积极与你互动》

全纳式教育是一种以平等包容、因材施教为核心的全新教育理念。在教学中注重挖掘每一个学生的能力和价值，扬长避短，让学生以学习为乐；在生活上，懂得友爱互动，建立一种凝聚团队精神、积极互助的社会环境。

积极与和谐小结

- 请记住想要鼓励学生,你首先要表现得充满斗志。
- 经常微笑,给学生的生活带来"快乐的影响"。跟学生打招呼、教给学生知识、每天都留给他们一个微笑。
- 给学生比实际情况稍高一点的评价。
- 把每个学生都当作你的"最爱"。
- 带领学生取得一点小成功,然后在此基础上不断再成功。每一次小的尝试都会让学生渴望下一次尝试。
- 确保给学生积极的反馈要远远大于消极的批评。
- 在整个教室展示学生的作业和绘画作品,走廊里也可以张贴。
- 首先假设学生已经表现良好而且成绩名列前茅,用这样的态度对待学生,他们就会变得更好、学习成绩更好(反之亦然)。
- 尽可能地了解学生,有兴趣了解他们的梦想、文化差异、各种各样的兴趣和故事。
- 帮助学生不断进步,而不是追求完美。
- 切忌冷嘲热讽。要尊重所有学生。
- 人性化地对待学生,尽可能制作一个教师"个人公告板",告诉学生你是谁。
- 学生生日时送上祝福,赞扬学生,所有有助于加强这种积极关系的小事都要做。
- 跟学生相处时切忌唠唠叨叨。
- 让你的教室每天都充满欢声笑语。
- 学生做得好时,要记得说两个字:"谢谢"。

第6章

影响力：
永不消散的教师魅力

多年前的老师

多年前的老师依然影响着我
她对我做的每一件事
记忆依然如此鲜活
这些事情仿佛已融入我的心灵
它们随着我的血液流淌
它们汇集于我的视觉神经
在我的爱心里
在我的决定中
在我努力的每一件事情上
在我懂得的林林总总
一个人哪怕只影响过你一次
他也会深深地印在你的脑海中
就像现在的我
多年前的老师啊
我的记忆中永远有您的身影和甜美的笑容

> 老师的影响力是永久的，他永远都不知道自己的影响力会在什么时候消散。
>
> —— 亨利·亚当斯，
> 美国知名教授

认识你的影响力

很多老师选择教书这门职业，是因为他们在上学期间受到了某一位或几位老师的鼓励和启发。而且还有很多很多的故事讲的就是某位老师如何影响了一个孩子的命运，甚至可以说拯救了他。对我而言，如果不是受四年级老师努玛·杜赫、五年级老师玛沙·理查德和九年级英语老师玛格·巴克的影响，我就不会选择做老师，现在也不会写这本书。他们不仅影响了过去的我、现在的我，甚至还要影响将来的我。要知道，不管我们值不值得，学生都会认为我们神通广大，无所不能，除非我们让他们相信事实并非如此。所以，请你一定要意识到，在学生的眼中，你的影响力是非常巨大而又深远的。如果能够对一个学生的生活施以积极的影响，你就会影响他的将来，而且还会影响到他将来会遇到的每个人。你永远都无法完全地认识自己的影响力所辐射的范围有多广。你要记住，今天，每一天，你的点点滴滴都将决定学生会受到怎样的影响，不仅一时，更是一生。

你是学生们心中的灯塔，总能给迷航的学生指出正确的方向。

> 平庸的老师，说教；好的老师，解说；更好的老师，示范；伟大的老师，启发。
> ——威廉·亚瑟·沃德，美国学者兼作家、教师、牧师

记住你"最喜欢的老师"

在脑海中搜索一下你一直以来最喜欢的老师。我们每个人都有一位这样的老师。找到了吗？如果已经找到的话，现在你可能已经会心地笑了。好了，在继续往下读之前，请列出这位老师的几个特点，还有你为什么最喜欢他/她。一定要列完了再往下读，如果你让学生别往下读，而他们不听的话，你会不会很生气？所以，现在来实践一下你讲给他们的东西，开始列表吧。

这些年来，我已经先后邀请几千名老师参加了这项活动。他们的列表有一些共性，我敢打赌这其中肯定也有一些与你的列表相同的内容。我们来看看：

◆ 我最喜欢的老师人品很好；
◆ 我最喜欢的老师让我感觉与众不同；
◆ 我最喜欢的老师经常微笑；
◆ 我最喜欢的老师总是让我一学就会；
◆ 我最喜欢的老师让学习变成一件有趣的事情；
◆ 我最喜欢的老师从不冲我大喊大叫，也从不在同学面前使我难堪；
◆ 我最喜欢的老师尊重学生；
◆ 我最喜欢的老师从来不为纪律问题犯愁；

◆ 我最喜欢的老师给予我很多启发；
◆ 我最喜欢的老师让一切都生动有趣；
◆ 我最喜欢的老师非常喜欢教书；
◆ 我最喜欢的老师非常喜欢学生。

　　这里面有没有和你的列表相同的内容？注意，上面没有一条提到老师的学历。迄今为止，我还没有听到谁说："我最喜欢的老师有三个大学学位。"还要注意，上面也没有提到老师让学生背多少东西。而且还要特别注意，列表更多关注的是学生们把老师当作一个"人"，以及老师如何让学生有"人"的感觉——与众不同、被爱、成功和满怀信心。

给你提个问题：你的学生能为你列出类似的清单吗？

延展阅读

《从优秀教师到卓越教师》

　　覆盖了整个学年的教学时间，每一天为教师提供一个与教学相关的方法、策略或者行动建议，以提高教学的有效性。

记住：你的工作性质决定了你将会影响你教过的每一个学生的生活。不论这种影响是积极的也好，消极的也罢，唯一确定无疑的是：它将是长久而深远的。

记住你"最不喜欢的老师"

在上面的建议中，我让大家列出了自己最喜欢的老师的特点。现在，让我们重来一次，不过这次要列的恰恰相反：你最不喜欢的老师的特点。记住，没有列完之前，不要往下读。好，赶紧开始吧。

和上面的情况相同，我也一样先后邀请了几千名老师来参加这项活动。他们的列表一样有一些惊人的共性。这次，我依然敢打赌其中一定也有一些与你列表相同的内容。我们来看看：

◆ 我最不喜欢的老师人品很差；
◆ 我最不喜欢的老师从未让我感觉与众不同；
◆ 我最不喜欢的老师从不微笑；
◆ 我最不喜欢的老师从不关心我有没有学会；
◆ 我最不喜欢的老师的课堂死气沉沉；
◆ 我最不喜欢的老师动不动就冲学生大喊大叫，羞辱他们；
◆ 我最不喜欢的老师一点都不尊重学生；
◆ 我最不喜欢的老师总是为纪律问题犯愁；
◆ 我最不喜欢的老师从未给予我任何启发；
◆ 我最不喜欢的老师使一切都枯燥乏味；
◆ 我最不喜欢的老师看起来很讨厌教书；

◆ 我最不喜欢的老师看起来很不喜欢学生。

注意，上面列出的各项，与我们在上一条建议里看到的特点恰恰相反！而且还要注意，你对自己最不喜欢的老师的感情，和对你最喜欢老师的感情也截然不同。在参与这项活动的过程中，我经常看到，有些成人一想起最不喜欢的老师就满脸怨恨。大部分人都记得这位老师曾经对他们说过或做过的那些伤害到他们的事情，就连最小的细节都一清二楚。通常这些事都发生好多年了，但是现在只要一想来，还是会立刻感到非常痛苦，仿佛一切都刚刚发生。而且我从没发现哪位参与者这样说："我最不喜欢的老师对我启发很大，但我就是不喜欢他。"事实上，如果你能让学生相信你是关心他的，而且你也能够给他启发，那你就是他最喜欢的老师了。这并不是因为我们在这里开展一场"受欢迎程度"的竞赛，而是因为我们所做的事情要比争取学生的喜欢更有意义。我们的言行举止，正在影响着学生的生活，而且还将在他们的心灵中留下抹不掉的痕迹。谁都不想在别人的记忆里成为一名最不受欢迎的人，所以请记住你最不喜欢的老师，也记住你最喜欢的老师，从他们的身上去学习该做什么，也学习不该做什么。

你的影响力存留在这个世界上的时间要远远长于你本人，留下一笔积极的遗产吧。

播下一粒种子,一年就有收获。
栽下一棵树,十年就有收获。
教书育人,百年才有收获。
一次播种,收获一次,
教书育人,收获无数次!

一生的激励

比起知识,学生们更需要激励,我们传授给学生的知识是重要的,但对他们的激励才能真正改变他们的一生。受到激励的人将会有更大的成就,只有知识而无激励,一个人将一事无成。

在结束语部分,你会读到一个非常好的例子,讲的就是一位老师如何不知不觉地改变了一个学生的生活,虽然直到很多年后,这个学生才意识到了这一点。我们从不知道自己的付出能够影响多少人,但是可以肯定,我们的影响是一生一世的。认识并且利用这一点非常重要,激励了一位学生,你就影响到了他的整个未来,你也就改变了世界。作为老师,我们拥有无数这样的机会。激励和鼓舞每一个踏进自己教室的学生,从而一次次、一步步地改变这个世界,这是多么令人敬畏的责任!希望你永记不忘。

伟大的教师知道如何启发他的学生,点燃学生心中的热情。

在我心里，我深深地知道，教师不仅仅是一份职业，更是一份事业。我常常会停下来思考，自己到底有没有改变什么，然后我会拿出一个"我与众不同"的文件夹，浏览里边存放的这么多年来学生送给我的东西。无论面临怎样的困难，只要看到学生的成功和他们的感激，所有的不快刹那间都烟消云散了。所以，每年我都会为新老师们送上一个"我与众不同"文件夹。在里面放上一个致谢的便条，感谢他们选择教书这份伟大的职业。他们不知道，用不了多久这个文件夹就会满满当当了！

——努莉·布鲁克斯，校长

建立一个"我与众不同"文件夹

无论你是新手上路，还是一位经验丰富的老教师，现在着手建立一个"我与众不同"文件夹都为时不晚。这做起来很容易，但意义却非常深远。在这个文件夹里，请放入学生的便条、感谢卡、感谢信、家长来信，还有在某一个特别的日子里令你感到特别激动，或者温暖的某些事情的记录等等。在你遇到了挫折，心灰意冷并开始怀疑自己价值的时候，把这些东西拿出来看一看，它们会再次确认你的价值所在，重新点燃你对学生和教育的热爱，并且提醒你——你已经选择了这个世界上最伟大的职业——教书育人！

有一位高中的教练最近跟我说起，他几年前参加我的一次新教师培训时，我曾给过他一个"我与众不同"文件夹。他跟我说，他觉得建立这样一个文件夹的方法可能更适合小学教师，但他还是决定试一试。他告诉我，他把报纸上报道比赛的剪报、队员写的便签、家长写的便签，还有他在觉得有必要激发某位队员的斗志时写的便签都装到了这个文件夹中。他很骄傲地告诉我，现在这个文件夹已经快装满了，他需要重新再找一本了。

在学生们的心目中，我们是非常特别的一群人，但是我们还是时不时地需要提醒，那就让这个"我与众不同"文件夹肩负起这份责任吧。

延展阅读

《好老师征服后进生的14堂课》

经典教育著作，真正意义上的教学实战指南，是应对问题学生的有效工具。美国"问题学生"教育专家伊丽莎白·布鲁瑞克斯30多年心血力作，提供了一系列简单易懂、操作性强的解决问题学生纪律、学习、行为习惯等问题的策略和操作步骤，让教育变得轻松、生动、实用、有效！

想成为教师只有一个原因
让每个孩子看到潜在的他们
每个决定都基于他们的利益
这样，你可以骄傲地向世界宣告
我是一位称职的教师

不要忘记当初为什么选择当老师

没错，我们选择教书这个职业都是为了同一个目标——钱！（哈哈！）我想，这也是一件严肃的事情。但是严肃地讲，我认为我们还有一个共同的使命和目的。每一次给老师们做培训的时候，开头我都会让他们谈谈选择这份职业的初衷。虽然表达方式不同，但他们的答案却是大同小异的，这很令人振奋。这个共同的主题是什么呢？"我希望能做点事情，去改变他人的命运。"没有一个答案例外。培训结束后，总会有人告诉我："谢谢你帮助我牢记自己为什么要做老师，我差点都要忘了。"

日常生活平凡而又琐碎，我们经常被那些消极恼人的事纠缠。私人生活如此，职业生涯也如此。上课时，有时候我们早已失去了重心——学生——却浑然不自觉。有一次，我和一位正好需要"发泄"一下的老师见了个面，我们的谈话内容大致是这样的："真是不理解，为什么学校又启动了一个新项目？这个刚结束，那个又开始了。案头的工作还没做完，又让我担任另一个委员会的主席。整个教育体系都在走下坡路，就像是一艘正在下沉的船，什么时候能休息一下？他们为什么不让我们清静一些？"这次对话就这么持续下去，调子基本不变。等她倾吐完自己的失望和不满后，我问她："能不能告诉我是什么促使你选择了这个职业？"她给我讲了关于她的一位老师的一个感人至深的故事。这位老师在很多方面影响了她的命运。她说："后来我意识到了是她让我的命运产生了重大变化，而我不过是众多的受益者之一。我决定像她那样，来做一件能够让孩子们的命运发生改变的事情。"我一言未发。她随之就微微地笑了笑，说道："谢谢你让我想起这个，我几乎都快忘了自己工作的意义所在——让别人的生活有所不同。"

是的，教书是一件任务重压力大的事情，有时候你会觉得喘不过气来。焦头烂额，无路可走的时候，提醒自己，你就是学生们的一条生命线。固然，这不能减轻工作量，但却可以让你再次恢复活力，轻装上阵！

延展阅读

《思维导图教学法：写给中小学老师的思维导图课》

本书是一线教师思维导图教学新实践，引领新时代中小学教学改革新思维。本书是东尼·博赞亲传弟子李媛老师的诚意之作！

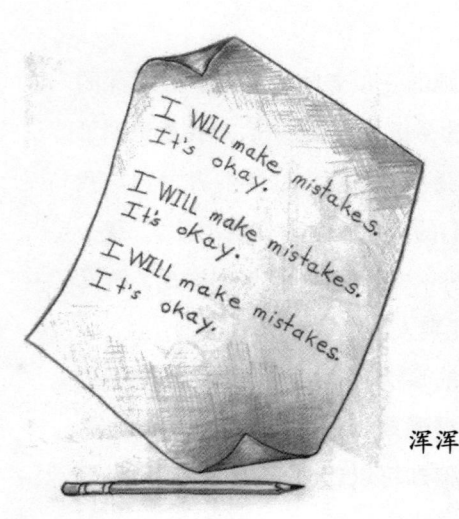

最大的错误

最大的错误就是害怕犯错
如果你害怕犯错
挑战与机会就会与你擦肩而过
如果你错过它们
你将一无所获
你的一生也只会是迷迷糊糊，浑浑噩噩
生命给予你那么多
难道你从未想过用这些资源创造任何区别？

让学生知道失败是学习的良机

还记得你第一次一个人骑车时发生了什么吗？摔倒了。还记得你第一次系鞋带时发生了什么吗？系不上。再想一想：通常一个孩子说的第一个词是什么？"达—达。"好，去查一下词典，可是词典里根本没有这个词。也就是说，这孩子犯了个"错误"。此时，作为家长，我们会怎么做？一定是表扬这个"错误"，鼓励孩子再说一遍；给每个认识的人打电话，告诉他们孩子会说第一个词了；鼓励这个"错误"，把这个"错误"录下来，甚至于自己也犯起这个"错误"来，时不时地说着"达—达到哪儿去了"？"说达—达。"我们从来都不会对孩子这样说："错了，别那样说。"我们也绝不会因此就认为他不会说话。这是因为，父母亲都知道，孩子犯的这个"错误"是他牙牙学语过程中必经的一个环节。所有的父母也都知道，这个"错误"最终都会自己改正，根本就没有担心的必要。而且，他们还不断地鼓励孩子犯同样的"错误"。可喜可贺，到现在为止，我还没见到任何一个依然喊自己父亲"达—达"的成人。

错误让我们学得更快,难道不对吗?蹭破皮的膝盖是学习骑车的一个必要"成果"。煮糊的饭是学习做饭的一个必要"成果"。回想一下第一次讲课的情景,你犯错误了吗?事实上,不论你教了多少年,不是都依然犯错误吗?那么,为什么课堂上一出现错误,学生们马上就得到一个大大的"红叉"?为什么从来就没有听过老师说:"好极了,你犯了一个错误,让我们来看看能从中学到什么。"我们这些大人都知道,错误是学习的良机,但是在课堂上老师们却经常会忘记这个道理。请注意,我不是说我们从来不需要指出学生的错误,我的意思是,学生犯了错误也无妨,因为犯错误可以让他们学得更快。实际上,我们应该多多鼓励学生向前冲,去冒险,去犯错误,当然还要从中吸取经验教训。不要因为某个学生犯了错误就对他另眼相看,给他难堪。学生的最大错误,是因为害怕失败而放弃尝试;老师的最大错误就是纵容这种错误。

一个良好的学习环境,就是一个能让学生勇于尝试——不计后果的地方。

延展阅读

《如何学习:
用更短的时间达到更佳效果和更好成绩》

美国著名学习问题教授,揭秘尖子生如何对学习负责到底,实现高效学习。"赛博学习法"可以让学生在学习中举一反三、游刃有余,灵活地应对各种考试,获得学习的主动权。

无论你说了哪些，做了什么
我答应你，对你我决不放弃
因为我是你的老师
我会竭尽全力教你
即使有一天你选择放弃
我还会一如既往地支持你

不要放弃任何一个孩子

近乎绝望的时候，我们下决心永不言败；孩子们耗尽了我们的耐心，我们需要不断地鼓励自己；想要放弃的时候，我们更要坚持。树立坚定的信念，不放弃任何一个孩子，尽心尽力，让每一个孩子都获得成功——这是我们的责任。当孩子们失败的时候，我们应该改变自己的方法，直到他们成功为止。请牢记以下几点：

- 每个孩子都是一个独特的个体；
- 每个孩子都机会均等；
- 每个孩子都有权拥有一位有能力、有同情心又胜任工作的老师；
- 每个孩子的尊严都应该得到尊重；
- 每个孩子都能成功；
- 每个孩子的身上都有可以挖掘和培养的优点；
- 每个孩子都渴望成功；
- 每个孩子都渴望被爱和欣赏——来自于每一位老师。

找到每一个孩子被生活的保护罩所重重掩盖的内心之美，找到它，开发它。这是你的责任，你的权利，也是你的事业。倾情投入，创造属于你的奇迹吧！

请对得起"教师"的称号

"哦,快摘下你的玫瑰眼镜。"一位教师从我身旁走过时说道。

我的兴奋和激情好像触碰到了她痛苦的神经,我的天呀!

另一位老师也从我身旁经过。

她也戴着玫瑰色眼镜,而且戴了30年,她爱她所有的学生,哦,耶!

所以,我满怀激情是有意义的,我为我站在讲台上的每一天而欢呼!

我知道,欢呼也好,抱怨也罢,都是自己的选择。

30年后,我希望你能听到我依旧骄傲地为这份职业欢呼,为身为"教师"而觉得荣耀。

乐观地教学

在职业生涯的每一个阶段,你都可能会有消极的时候,这时你很可能想换一个工作,无论能力如何,面对职业瓶颈时,许多教师无法积极面对,他们或选择放弃努力或选择退休。面对这样的选择,他们喜欢把自己如何失去工作热情、如何讨厌学生工作的经历"分享"给新教师。同为一名教师,请不要参与这样的经验分享。下面的方法可以帮你拒绝那些喜欢跟你分享悲观情绪的人。

一位遭受教学失败打击的消极教师向你走过来,她开始警告你应该多注意你班的那些爱惹麻烦的学生。你可以简单地说:"谢谢你告诉我这些,这些学生是最需要我帮助的学生,我会更多地关注他们的,你对他们的关注也很多,再次向你表示感谢。"然后你可以微笑地离开。

这个方法屡试不爽。

我还有一个方法：如果也是这样的一位教师向你走来，她向你抱怨某个学生或某个同事，你可以简单地说："我很高兴跟你聊天，但我急着去洗手间，上课铃声马上就要响了。"这个方法也很有用，但他们会再去找其他目标发泄他们的不满。

切记：不要参与任何让你走向消极一边的讨论，学生需要的是积极的、有影响力的、真正关心学生成长的老师，他们也更喜欢这样的老师，更喜欢这样的老师讲解的每一节课。

延展阅读

《T.E.T.教师效能训练：一个已被证明能让所有年龄学生做到最好的培训项目》（30周年纪念版）

教师在课堂上运用一系列有效的沟通技巧与冲突解决方法，获得高质量的师生关系，从而减少课堂冲突与纪律问题，提升课堂时间的质量，提高学生的学习主动性、专注力、自控力、学习效率以及课堂教学的参与度，最终实现教师的高效能与学生的成长与发展。

影响力小结

- 请记住，你会影响教过的每一个学生，而且带来的积极影响还是消极影响完全取决于你。
- 请在身上表现出一些（或者是全部）你最欣赏老师身上的特点。而不要表现出你最不欣赏老师身上的任何一个特点。
- 请问问自己："我想让我的学生多年后回忆起我的课堂时怎么形容呢？"然后成为那个你想让他们回忆起的那个人。
- 每天激励你的学生，通过以身作则激励自己，通过表达你对他们的信心，通过帮助他们获得小的成功不断积累。
- 坚持使用一个"我很特别"文件夹，提醒自己每天都要产生一点影响。
- 欢迎学生犯错，把教室营造成可以安心冒险的环境。
- 永远不要放弃一个学生。永远不要！
- 回忆自己为什么会选择当教师，在不同的日子里提醒自己。
- 避开"消极情绪陷阱"。保持自己的热情和乐观精神。如果失去了这些积极情绪，你的学生们也不会有热情。
- 成为人们称赞的那种老师——每个学生都会记住的老师。

第 7 章

新增的 7 条建议

这部分内容来自安奈特·布鲁肖和托德·威特克尔所著的《万人迷老师养成宝典》。我们在此总结书中的精髓思想，供教师借鉴使用。因为我们感到导师和新教师可以利用这些列表作为谈话的开头，用于确定目标，最重要的是可以用于提高教学和学习质量。下面分享的列表就是高效能教师的日常安排。尽情阅读吧！

受家长喜爱的高效能教师的7个特点

1. 家长喜欢把学生当作亲生孩子一样对待的老师。他们信任能公平对待学生的老师。这样的老师会实事求是地告诉家长："我会像对待自己的孩子一样教育您的孩子。"

2. 家长喜欢能及时分享班级情况的老师。家长们喜欢了解班级的近况。他们喜欢成为班级的"一份子"并且感受到自己是"消息灵通的"。

3. 家长喜欢努力保持顺畅沟通的老师。这样的老师会跟学生家长联系，告诉家长孩子获得的成就，打电话给家长告诉学生取得的进步。因此当有严重或不好的事情发生时，家长更愿意跟真正关心学生并享受教学的老师沟通。而低效能教师的做法就是，老师和家长的第一次电话或信件来往通常是因为发生了恶劣事件。

4. 家长喜欢能倾听自己说话的老师。这并不意味着家长和老师总是意见一致，只是家长在和老师意见不合时仍然能找到这名教师，进行开诚布公地讨论。

5. 家长喜欢不会放弃学生的老师。这些教师会倾其所有帮助学生成功，利用业余时间跟学生在一起，给家长提供在家里帮助学生的建议，随时知会家长教师所付出的努力，尽量让学生提高成绩、正常交往、品行端正。家长不会把老师当作孩子健康成长的威胁或妨碍，而是成为队友共同合作。

6. 家长喜欢挑战学生的老师，能让学习变得触手可及又妙趣横生。学生想要走进这个老师的课堂，不是因为讲得简单，而是因为学生感到自己能得到挑战，受到关爱，有安全感和成就感。

7. 家长喜欢不会用无穷无尽的家庭作业损耗学生的老师。课堂学会知识。家庭作业可以很快完成，学生会做而且有意义，可以强化课堂上学会的知识。很多家长认为没有能力给孩子辅导自己都不会的知识。即使他们明白这些内容，还是会奇怪为什么自己的孩子不能在课堂上得到帮助学会知识。即使孩子理解作业中的概念，没有家长会愿意看到自己的孩子每天晚上都要花上好几个小时做作业！

延展阅读

《从优秀教学到卓越教学》

在当前这个时代，考试成绩的重担落在教师的肩上，而不是学生的肩上，是时候改变这一切了！

深受学生喜爱的高效能教师的7个特点

1. 学生喜欢能友善对待他们的老师。所有年级的学生都表示他们更喜欢能友善对待他们的老师，不喜欢凶巴巴的老师。"己所不欲勿施于人"的法则适用于我们所有人。但是一定要记住，学生不是成年人，他们并不总是会用别人对待自己所喜欢的方式去对待别人。因此，学生需要积极的行为榜样。友善对待学生并不意味着你要让学生为所欲为，只是无论发生好事还是坏事，都要用友好、平静和专业的态度对待学生。

2. 学生喜欢能给学习带来乐趣的老师。我们难道不都是这样的吗？如果学习很有趣，那么我们就几乎感觉不到是在学习。学生不应该在离开教室的时候感到筋疲力尽，他们应该感到充满活力、成就感和信心。因此高效能教师都会让学习变得又有趣又刺激，学生都等不及要上第二天的课程！

3. 学生喜欢能帮助他们成功的老师。体育运动也是这个理念，运动员喜欢能帮助他们赢取胜利的教练。没有人喜欢失败，因此学生常会因为害怕失败而放弃。他们感到自己受到失败的"控制"。但是如果教师能在课堂上让新知识变得可以接受而且指导学生，帮助不能理解知识的学生学会新知识，很少见学生还会放弃。显而易见，成功会带来良性循环。

4. 学生喜欢会挑战他们的老师。是的，学生欢迎善意的挑战，只要他们能顺利完成任务同时收获一些东西，体验到一定程度的成就感。他们不想要"轻而易举"也不想要"高不可攀"。他们要的是介于这二者之间的东西，既有挑战性又可以完成。学习就在这个过程中进行。

5. 学生喜欢有清晰目标的老师，老师对品行和学习都有目标。学生想知道自己能做什么以及不能做什么，也就是教师期待学生做什么和不要做什么，允许学生做什么，禁止他们做什么。学生不喜欢突然袭击，想知道老师的立场，从而知道自己的立场。

6. 学生喜欢不会用昨天的错误批评人的老师。很简单，他们希望老师每天都能翻开崭新的一页。

7. 学生喜欢能跟他们玩耍或融入他们生活的老师。教师需要把学生当普通人一样了解。要逐渐了解学生，他们是什么样的人或不是什么样的人，喜欢什么不喜欢什么，梦想成为什么样的人。帮助他们实现梦想，这是老师该做的！

延展阅读

《人大附中学生这样学语文：走进经典名著》

著名教育家苏霍姆林斯基说过："应该让孩子生活在书籍的世界里。"著名学者、书香校园的首倡者朱永新先生则说：没有阅读，就没有学生的精神成长。这些话告诉我们：孩子的生命之树是要植根于阅读之中的，如同小树要植根在沃土里，孩子的精神则植根在书籍里，读书便是语文教育、学校教育之根。

受校长喜爱的高效能教师的7个特点

1. 校长喜欢每节课上课前都充分准备的老师。这样的老师会花很多时间仔细思考设计课程，关注细节，确保每节课都能让学生最大程度地参与，引起他们的兴趣，并学会知识。

2. 校长喜欢尽可能（大部分时候）自己处理纪律问题的老师。这样的教师很少会把学生送到校长办公室，但是他们一旦这样做，校长就要严肃对待这个学生了！

3. 校长喜欢能按照学生的利益做决策的老师。尽管有时候给学生布置"繁忙的任务"或计划活动会给老师留出一些"放松的时间"，这样的做法很诱人，但是这样的活动几乎不会提高学生上课的热情或学习成绩。高效能教师了解这一点，所以他们所做的每个决策都是为了学生，而不是为自己。

4. 校长喜欢有问题或不满直接找自己的教师，而不是去跟其他老师抱怨，更糟的是直接去教育部发牢骚。没有任何一位教师会满意所在学校里发生的每一件事。但是高效能教师会私下里或用专业态度处理说明不满，绝不会用伤害别人或损害学校名誉、员工和学生的方式。

5. 校长喜欢不断学习并且不断在教育领域学习新方法的老师。这样的老师从不会认为"学到头了"，会不断学习、成长、实验和发现。这并不意味着这些老师只是为了改变而接受新鲜事物。相反，他们不断改变而且愿意尝试新想法，思想开放又符合实际。他们接受改变，随着时间成长。

6. 校长喜欢擅长班级管理的老师。他们能成为卓越课堂管理者的主要原因，是这些老师几乎不会遇到纪律问题。不是他们每个班级里都是"好孩子"，而是他们在班里明确规定纪律和程序，他们跟自己的管理计划保持一致。学生知道能从这些老师身上得到什么。

7. 校长喜欢能尊重每个学生的老师。无论情况变得多么紧张和严肃，在这些教师的班级里每个学生都会得到尊重。这样的老师甚至知道怎样用友好的方式批评学生，他们会保持专业的态度和冷静的思维，永远对事不对人。

延展阅读

《翻转课堂与慕课教学：一场正在到来的教育变革》

关于教育，全世界都在问同样的问题："中小学要教什么？如何教？"翻转课堂为这个问题提供了新的解答，这种全新的模式培养了学生最需要的能力：创新的能力、独立思考的能力、积极主动与解决问题的能力。

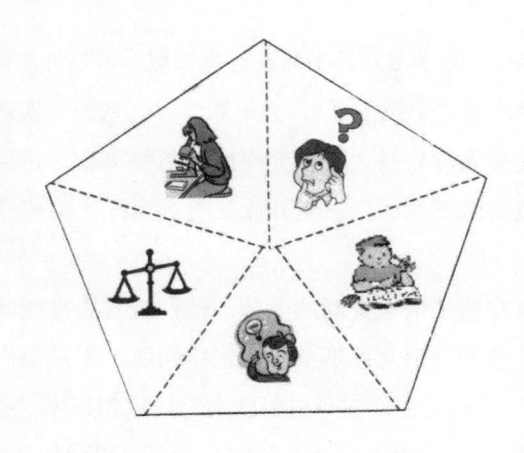

高效能教师每天都会做的7件事

1. 高效能教师准备、准备、再准备。他们的备课计划都很详细。从来不会不做计划。你从来不会听到高效能教师说他们不需要备课计划，也永远不会看到高效能教师年复一年重复使用一个课堂案例。

2. 高效能教师每天都会尊重每个学生。无论学生怎么表现，高效能教师都会保持专业态度，意识到自己是班级里的成年人。任何一位高效能教师都不会用轻慢或不尊重的态度对待学生。

3. 高效能教师常常微笑。他们知道学生需要正面的行为榜样。他们每天跟学生打招呼，让教室充满欢迎学生和邀请他们上课的气氛。跟学生谈话时也会微笑，讲课时也会常常微笑，让学生感到除了教室哪儿都不想去，每一天都在教授学生这一点。

4. 高效能教师是好演员。没有人会总是开心的。没有总是很专业，没有会喜欢每天上课的每一刻。高效能教师只是利用自己的演技让一切看上去像是他们喜欢这样做！他们不会允许自己的情绪或问题影响自己的职业生活。

5. 高效能教师时刻保持沉着冷静，尤其在困难的处境中更是如此。他们会利用上述提到的演技。意识到冲突时冷静对待，就会更有效率地解决问题。因此，学生越是失控，教师应该更加沉着。

6. 高效能教师有清晰的规则和程序，他们每天坚持，保持一致。学生和家长都知道该作何期待，因此他们很少感到猝不及防。当人们了解自己该期待什么的时候，他们更有可能按照你的期望行事，圆满结束。

7. 高效能教师从上课铃响起一直讲到下课铃响起。这样的课堂上没有昏昏欲睡的情况，通常学生发现自己无事可做时就会睡觉。懒散会滋生不当行为。高效能教师的课堂上，学生很难有时间表现出不当行为。教师时刻让学生保持参与状态，连下课都会浑然不觉！

延展阅读

《9节课，教你读懂孩子》

妙解亲子教育、青春期教育、隔代教育难题，方法就在故事里，指引中国父母教育认知升级。让家长和教师领会普通、平实的家庭教育，让教育有序、有趣、有效。

高效能教师不会做的7件事

1. 高效能教师不会朝着学生大喊或出言不逊侮辱学生。低效能教师常常会提高嗓门，绝望地想要挽回失控的局面，还会试着叫那些走神的学生的名字，借此羞辱这些学生。这种方法不会产生积极的结果，因此高效能教师从不会有这种徒劳的举动。

2. 高效能教师不会私下议论。私下议论别人只会伤害别人，这绝不是一件好事，也不会帮助任何人，绝不应该在学校里发生。你不会听到高效能教师私下议论学生、家长或任何人。

3. 高效能教师不会出于个人情感处理学生的品行问题。老师意识到自己是成年人，是专业人士。学生确实有时会说出或做出不恰当的事情，直接针对最容易受到攻击的成年人——老师，但是高效能教师知道一旦情绪被学生点燃，学生就会控制整个局面。因此即使他们受到学生的影响（内心已经火冒三丈），但绝不会让学生知道这一点。他们外在的行为总是表现得冷静。不是控制别人，而是控制自己。

4. 高效能教师不会依赖他人处理自己能够解决的问题。他们亲自处理所有问题，除非已经严重到必须有管理者出面，如果能在班级里解决就在班级内解决。

5. 高效能教师不会在班级出现问题的时候，埋怨家长、社会、管理层或其他人。他们知道教学充满挑战，他们乐于接受这些挑战，把挑战当作成长的机会，既能促进自己成长也能促进学生成长。

6. 高效能教师不会停止学习。想要掌握教学的艺术不是一朝一夕就能促成的，但也不可能学会有关教学的一切，没人做到过，也没有人会做到。如果你放弃学习教学新内容的那一天可能就是你放弃这个职业的一天。高效能教师已经意识到了这一点，他们永远不会停止学习如何教学。

7. 高效能教师不会放弃任何一个学生。无论一个学生做了什么、说了什么或者没做什么，高效能教师永远不会停下脚步。他们不会把手一摊然后说："我放弃了。"他们真的相信每个学生都有能力，也会用这种方式对待每个学生。学生们知道这些老师们无论发生什么都不会停止帮助学生成功，他们的字典里没有放弃。

延展阅读

《统编新教材初中数学/物理/化学一图通：初中数学/物理/化学思维导图全集》

本书作者张鹏生老师用几十年的研究和一线教学实践告诉我们，掌握所有初中数学/物理/化学知识点，备战中考，是可以被每个同学自己很好解决的。有了这套书，考上理想的高中，不再困难！

高效能教师热爱教学的7件事

1. 高效能教师热爱充满挑战的教学。各行各业的成功人士都喜欢挑战。因为我们想让学生学会迎接生活中出现的挑战，带着勇气、动力和决心处理这些难题，作为教师的我们一定要给他们演示该怎么做。有价值的成就不可能轻松实现，这也正是成就的价值所在！教学并不轻松。但是与之相比没有比教师更有价值的行业！这是高效能教师生活的信念。

2. 高效能教师热爱教学中学生的各种需求。他们喜欢每个学生的特性，而不是试着模式化所有学生。高效能教师运用教学艺术找到方法适应学生的不同点，深知没有两个学生会用一样的方式学习。如果所有的学生都一样，用一样的方式学习，教学会变得易如反掌，那么几乎所有人都能成为老师。如果所有病人都得了同一种病用同一种治疗方式，那么所有人都能成为医生！但这是不可能的。

3. 高效能教师热爱自己所带来的影响力。他们想要对每个学生的生活产生影响，不是一些学生或大部分。老师们意识到自己正在创造未来，他们准备好迎接那种挑战，他们意识到自己存在于每个教过的学生心中和头脑中，学生毕业很久后这种影响仍然在发挥作用。高效能教师很严肃地思考自己的影响力。

4. 高效能教师热爱融入学生家长和所在社区。这并不意味着他们会动员每个家长或社区成员积极参与到学生的教育中。然而确实意味着教师会不断地把家长和社区的支持作为学生学习的一部分。教师们的想法是如果需要鼓励100位家长，只要最后说服其中一位，那他们也比以前增加了一位支持者！

5. 高效能教师热爱学生的头脑灵光乍现的时刻。他们为这些时刻而活，这些时刻里包含着最微小却也最伟大的成功。对于高效能教师而言，任何一点小的成就都是巨大的收获！

6. 高效能教师热爱他们要教授学生这个事实，因为他们真的爱这些孩子们。低效能教师有时会表现出他们的学生仿佛阻碍自己成为优秀教师。虽然这是一条常识，但是要想成为一位真正伟大的教师，你必须发自内心地热爱孩子们。

7. 高效能教师热爱不断学习如何提高教学的过程。他们热爱学习新知识，喜欢学习不同的方式帮助学生学习和成长，他们不会逃避新的项目、技巧或教育趋势。他们总是欢迎改变，开放地尝试新鲜事物。

延展阅读

《如何打造高效能课堂》

美国全新的教学方法与理念，唤起教师的职业激情，让课堂教学在充满活力的氛围中，变得简单、实用、快乐和高效。

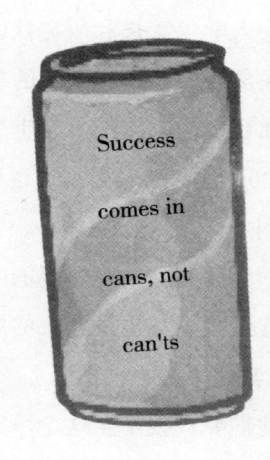

Success comes in cans, not can'ts

未来想成为高效能教师要做的7件事

1. 每天每节课前都要跟学生打招呼。高效能教师会站在教室门口，脸上挂着大大的微笑（不会受到个人心情的影响），迎接学生进入教室上课。学生感到老师每天很高兴见到他们。这个举动会减少很多潜在的纪律问题。

2. 聚少成多。每次在你已经准备好的课程中加入一个新活动，让课程变得更吸引学生。不要改变全部的课程计划或课堂活动。只要做出一点改变然后改进。明天再加入一个新活动，过一天再加入一个新的活动。很快你就能自动做出更好的课堂计划，更吸引人的课程计划和每天的课堂活动。

3. 向别人咨询想法，尝试一个新的想法。高效能教师总是会向同事借鉴想法。不要因为害怕表现出能力不足就不敢咨询新想法。每个人都知道高效能教师总是在咨询别人的想法，然后跟别人分享自己的想法。

4. 回顾你的课程计划。确保每个人都知道从今往后应该有怎样的期待。即使你对管理计划并不清楚也没有保持一致，那也没有关系。

从今天开始，明确自己的目标，跟全班分享，然后在一致性的基础上实现这些目标。

5. 告诉学生你为什么热爱教学。令他们相信你给他们上课是快乐的，高效能教师总是在告诉学生自己为什么喜欢教学为什么选择这个职业。如果学生相信你热爱自己所做的事情，就会更有可能"买你的账"。

6. 比平时更有热情地教学。如果你想坚持变得更高效，就要更有热情。如果你平常就是一个很有热情的人，那今天就表现得更热情一点。教师的态度的确会影响班级的整体氛围。

7. 收集学生的反馈。问问学生到目前为止对于课程有什么想法，搜集一些想法改进课堂。高效能教师会赋予学生课堂上的自主权，告诉学生如何运用自主权。这并不意味着教师会做学生建议的每件事，但是他们确实会倾听学生的想法，对这些想法进行加工，营造出适合学习和成长的教室环境。

延展阅读

《开始和结束一堂课的50个好创意》

　　开始和结束活动是优秀教学设计的重要组成部分。优秀的开始活动能够从课堂开始的一刹那调动学生的积极性、参与性和好奇心，并且为整节课奠定积极的基调。优秀的结束活动利于学生总结本节课的重点内容，同时反思本节课所学内容。

结 语

我真心希望这本书为你的困惑提供了解决办法,同时也希望这本书能对你的教学与课堂管理有所启发,相信书中提供的种种方法定会让你的课堂管理焕然一新。亲爱的教育工作者,感谢你对幼小心灵的触动,感谢你为改变世界做出的贡献,感谢你从事教育事业的勇气。下面我用一首小诗表达我对教师们的敬意:

如果你有勇气

如果你努力寻找和发现

怎样点亮一个孩子头脑里智慧的火花

你就是在努力改变这个世界

改变千千万万的孩子们

星星之火一旦点燃,你会看到

燎原之势扑面而来

接触一个孩子

你已经跨越千里

因为你永远无法预估

教学时会带来多么深远的影响

所以,谨慎地、仔细地教学

如果你有勇气,就会改变整个世界!

期待你们的补充、建议或者是你希望分享的故事,我们会把这些故事加入今后的图书中。所以请联系我们：

　　电子邮箱：bianjibu@cyb.com.cn

"常青藤"书系—中青文教师用书总目录

书名	书号	定价
特别推荐——从优秀到卓越系列		
从优秀教师到卓越教师：极具影响力的日常教学策略（入选浙江省教师节用书）	9787515312378	33.80
从优秀教学到卓越教学：让学生专注学习的最实用教学指南	9787515324227	39.90
从优秀学校到卓越学校：他们的校长在哪些方面做得更好	9787515325637	33.80
卓越课堂管理（中国教育新闻网2015年度"影响教师的100本书"）	9787515331362	88.00
名师新经典/教育名著		
马文·柯林斯的教育之道：通往卓越教育的路径（《中国教育报》2019年度"教师喜爱的100本书"，中国教育新闻网"影响教师的100本书"。朱永新作序，李希贵力荐）	9787515355122	49.80
如何当好一名学校中层：快速提升中层能力、成就优秀学校的31个高效策略	9787515346519	29.00
像冠军一样教学：引领学生走向卓越的62个教学诀窍	9787515343488	49.00
像冠军一样教学2：引领教师掌握62个教学诀窍的实操手册与教学资源	9787515352022	68.00
如何成为高效能教师（美国最畅销教师用书，销量超过350万册，教师培训第一书）	9787515301747	89.00
给教师的101条建议（第三版）（《中国教育报》"最佳图书"奖）	9787515342665	33.00
改善学生课堂表现的50个方法（入选《中国教育报》"影响教师的100本书"）	9787500693536	33.00
改善学生课堂表现的50个方法操作指南：小技巧获得大改变	9787515334783	29.00
优秀教师一定要知道的17件事（美国当前最有影响教育畅销书作者全新力作）	9787515342726	23.00
美国中小学世界历史读本/世界地理读本/艺术史读本	9787515317397等	106.00
美国语文读本1-6	9787515314624等	252.70
和优秀教师一起读苏霍姆林斯基	9787500698401	27.00
快速破解60个日常教学难题	9787515339320	33.00
美国最好的中学是怎样的——让孩子成为学习高手的乐园	9787515344713	28.00
建立以学习共同体为导向的师生关系：让教育的复杂问题变得简单	9787515353449	33.80
教师成长/专业素养		
可见的学习与深度学习：最大化学生的技能、意志力和兴奋感	9787515361116	45.00
学生教给我的17件重要的事：带给你爱、勇气、坚持与创意的人生课堂	9787515361208	39.80
教师如何持续学习与精进	9787515361109	39.00
从实习教师到优秀教师	9787515358673	39.90
像领袖一样教学：改变学生命运，使学生变得更好（中国教育新闻网2015年度"影响教师的100本书"）	9787515355375	49.00
你的第一年：新教师如何生存和发展	9787515351599	33.80
教师精力管理：让教师高效教学，学生自主学习	9787515349169	28.00
如何使学生成为优秀的思考者和学习者：哈佛大学教育学院课堂思考解决方案	9787515348155	39.80
反思性教学：一个已被证明能让所有教师做到最好的培训项目（30周年纪念版）	9787515347837	49.00
凭什么让学生服你：极具影响力的日常教育策略（中国教育新闻网2017年度"影响教师的100本书"）	9787515347554	28.00
运用积极心理学提高学生成绩（中国教育新闻网2017年度"影响教师的100本书"）	9787515345680	39.80
可见的学习与思维教学：成长型思维教学的54个教学资源：教学资源版	9787515354743	36.00

	书名	书号	定价
★	可见的学习与思维教学：让教学对学生可见，让学习对教师可见（中国教育报2017年度"教师最喜爱的100本书"）	9787515345000	29.80
	教学是一段旅程：成长为卓越教师你一定要知道的事	9787515344478	39.00
	安奈特·布鲁肖写给教师的101首诗	9787515340982	35.00
	万人迷老师养成宝典学习指南	9787515340784	28.00
	中小学教师职业道德培训手册：师德的定义、养成与评估	9787515340777	32.00
	成为顶尖教师的10项修炼（中国教育新闻网2015年度"影响教师的100本书"）	9787515334066	35.00
★	T.E.T.教师效能训练：一个已被证明能让所有年龄学生做到最好的培训项目（30周年纪念版）（中国教育新闻网2015年度"影响教师的100本书"）	9787515332284	49.00
	教学需要打破常规：全世界最受欢迎的创意教学法（中国教育新闻网2015年度"影响教师的100本书"）	9787515331591	33.00
	10天卓越教师自我培训（教育家安奈特·布鲁肖顶尖卓越教师培训教材）	9787515329925	29.00
	给幼儿教师的100个创意：幼儿园班级设计与管理／为幼升小做准备	9787515330310等	58.00
	给小学教师的100个创意：发展思维能力	9787515327402	29.00
	给中学教师的100个创意：如何激发学生的天赋和特长／杰出的教学／快速改善学生课堂表现	9787515330723等	87.90
	以学生为中心的翻转教学11法	9787515328386	29.00
	如何使教师保持职业激情	9787515305868	29.00
★	如何培训高效能教师：来自全美权威教师培训项目的建议	9787515324685	32.00
	良好教学效果的12试金石：每天都需要专注的事情清单	9787515326283	29.90
★	让每个学生主动参与学习的37个技巧	9787515320526	28.00
	给教师的40堂培训课：教师学习与发展的最佳实操手册	9787515352787	39.90
	提高学生学习效率的9种教学方法	9787515310954	27.80
★	优秀教师的课堂艺术：唤醒快乐积极的教学技能手册	9787515342719	26.00
★	万人迷老师养成宝典（第2版）（入选《中国教育报》"2010年影响教师的100本书"）	9787515342702	29.00
	高效能教师的9个习惯	9787500699316	23.00
课堂教学/课堂管理			
	跨学科项目式教学：通过"+1"教学法进行计划、管理和评估	9787515361086	49.00
★	课堂上最重要的56件事	9787515360775	35.00
★	全脑教学与游戏教学法	9787515360690	39.00
	深度教学：运用苏格拉底式提问法有效开展备课设计和课堂教学	9787515360591	49.90
★	一看就会的课堂设计：三个步骤快速构建完整的课堂管理体系	9787515360584	39.90
	如何有效激发学生学习兴趣	9787515360577	38.00
	如何解决课堂上最关键的9个问题	9787515360195	49.00
	多元智能教学法：挖掘每一个学生的最大潜能	9787515359885	39.90
★	探究式教学：让学生学会思考的四个步骤	9787515359496	39.00
	课堂提问的技术与艺术	9787515358925	49.00
	如何在课堂上实现卓越的教与学	9787515358321	49.00
	基于学习风格的差异化教学	9787515358437	39.90

书名	书号	定价
如何在课堂上提问：好问题胜过好答案	9787515358253	39.00
高度参与的课堂：提高学生专注力的沉浸式教学	9787515357522	39.90
让学习变得有趣	9787515357782	39.00
如何利用学校网络进行项目式学习和个性化学习	9787515357591	39.90
基于问题导向的互动式、启发式与探究式课堂教学法	9787515356792	49.00
如何在课堂中使用讨论：引导学生讨论式学习的60种课堂活动	9787515357027	38.00
如何在课堂中使用差异化教学	9787515357010	39.90
如何在课堂中培养成长型思维	9787515356754	39.90
每一位教师都是领导者：重新定义教学领导力	9787515356518	39.90
教室里的1-2-3魔法教学：美国广泛使用的从学前到八年级的有效课堂纪律管理	9787515355986	39.90
如何在课堂中使用布卢姆教育目标分类法	9787515355658	39.00
如何在课堂上使用学习评估	9787515355597	39.00
7天建立行之有效的课堂管理系统：以学生为中心的分层式正面管教	9787515355269	29.90
积极课堂：如何更好地解决课堂纪律与学生的冲突	9787515354590	38.00
设计智慧课堂：培养学生一生受用的学习习惯与思维方式	9787515352770	39.00
追求学习结果的88个经典教学设计：轻松打造学生积极参与的互动课堂	9787515353524	39.00
从备课开始的100个课堂活动设计：创造积极课堂环境和学习乐趣的教师工具包	9787515353432	33.80
老师怎么教，学生才能记得住	9787515353067	48.00
多维互动式课堂管理：50个行之有效的方法助你事半功倍	9787515353395	39.80
智能课堂设计清单：帮助教师建立一套规范程序和做事方法	9787515352985	49.90
提升学生小组合作学习的56个策略：让学生变得专注、自信、会学习	9787515352954	29.90
快速处理学生行为问题的52个方法：让学生变得自律、专注、爱学习	9787515352428	39.00
王牌教学法：罗恩·克拉克学校的创意课堂	9787515352145	39.80
让学生快速融入课堂的88个趣味游戏：让上课变得新颖、紧凑、有成效	9787515351889	39.00
如何调动与激励学生：唤醒每个内在学习者（李希贵校长推荐全校教师研读）	9787515350448	39.80
合作学习技能35课：培养学生的协作能力和未来竞争力	9787515340524	45.00
基于课程标准的STEM教学设计：有趣有料有效的STEM跨学科培养教学方案	9787515349879	68.00
如何设计教学细节：好课堂是设计出来的	9787515349152	39.00
15秒课堂管理法：让上课变得有料、有趣、有秩序	9787515348490	33.80
混合式教学：技术工具辅助教学实操手册	9787515347073	39.80
从备课开始的50个创意教学法	9787515346618	29.00
中学生实现成绩突破的40个引导方法	9787515345192	33.00
给小学教师的100个简单的科学实验创意	9787515342481	39.00
老师如何提问，学生才会思考	9787515341217	33.80
教师如何提高学生小组合作学习效率	9787515340340	29.00
卓越教师的200条教学策略	9787515340401	35.00
中小学生执行力训练手册：教出高效、专注、有自信的学生	9787515335384	33.80
从课堂开始的创客教育：培养每一位学生的创造能力	9787515342047	33.00
提高学生学习专注力的8个方法：打造深度学习课堂	9787515333557	35.00

	书名	书号	定价
	改善学生学习态度的58个建议	9787515324067	25.00
★	全脑教学（中国教育新闻网2015年度"影响教师的100本书"）	9787515323169	38.00
★	全脑教学与成长型思维教学：提高学生学习力的92个课堂游戏	9787515349466	39.00
★	哈佛大学教育学院思维训练课	9787515325101	36.00
	完美结束一堂课的35个好创意	9787515325163	28.00
	如何更好地教学：优秀教师一定要知道的事（被英国教育界奉为圣经的教学用书）	9787515324609	36.00
	带着目的教与学	9787515323978	28.00
★	美国中小学生社会技能课程与活动（学前阶段/1-3年级/4-6年级/7-12年级）	9787515322537等	153.80
	彻底走出教学误区：开启轻松智能课堂管理的45个方法	9787515322285	28.00
	破解问题学生的行为密码：如何教好焦虑、逆反、孤僻、暴躁、早熟的学生	9787515322292	36.00
	13个教学难题解决手册	9787515320502	28.00
★	让学生爱上学习的165个课堂游戏	9787515319032	39.00
	美国学生游戏与素质训练手册：培养孩子合作、自尊、沟通、情商的103种教育游戏	9787515325156	36.00
	老师怎么说，学生才会听	9787515312057	28.00
	快乐教学：如何让学生积极与你互动（入选《中国教育报》"影响教师的100本书"）	9787500696087	29.00
★	老师怎么教，学生才会提问	9787515317410	29.00
★	快速改善课堂纪律的75个方法	9787515313665	28.00
	教学可以很简单：高效能教师轻松教学7法	9787515314457	39.00
★	好老师可以避免的20个课堂错误（入选《中国教育报》"影响教师的100本图书"）	9787500688785	39.90
★	好老师应对课堂挑战的25个方法（《给教师的101条建议》作者新书）	9787500699378	25.00
	好老师激励后进生的21个课堂技巧	9787515311838	39.80
	开始和结束一堂课的50个好创意	9787515312071	29.80
	好老师因材施教的12个方法（美国著名教师伊莉莎白"好老师"三部曲）	9787500694847	22.00
★	如何打造高效能课堂（美国《学习》杂志"教师必选"奖，"激励教师组织"推荐书目）	9787500680666	29.00
	合理有据的教师评价：课堂评估衡量学生进步	9787515330815	29.00
班主任工作/德育			
★	北京四中8班的教育奇迹	9787515321608	36.00
	师德教育培训手册	9787515326627	29.80
	中小学教师职业道德培训手册：师德的定义、养成与评估	9787515340777	32.00
★	好老师征服后进生的14堂课（美国著名教师伊莉莎白"好老师"三部曲）	9787500693819	39.90
	优秀班主任的50条建议：师德教育感动读本（《中国教育报》专题推荐）	9787515305752	23.00
学校管理/校长领导力			
	学校管理最重要的48件事	9787515361055	39.80
	重新设计学习和教学空间：设计利于活动、游戏、学习、创造的学习环境	9787515360447	49.90
	重新设计一所好学校：简单、合理、多样化地解构和重塑现有学习空间和学校环境	9787515356129	49.00
	让樱花绽放英华	9787515355603	79.00
	学校管理者平衡时间和精力的21个方法	9787515349886	29.90
	校长引导中层和教师思考的50个问题	9787515349176	29.00
	如何定义、评估和改变学校文化	9787515340371	29.80

书名	书号	定价
优秀校长一定要做的18件事（入选《中国教育报》"2009年影响教师的100本书"）	9787515342733	26.00
学科教学/教科研		
北京四中语文课. 千古文章	9787515360973	59.00
北京四中语文课. 亲近经典	9787515360980	59.00
从备课开始的56个英语创意教学：快速从小白老师到名师高手	9787515359878	49.90
美国学生写作技能训练	9787515355979	39.90
《道德经》妙解、导读与分享（诵读版）	9787515351407	49.00
京沪穗江浙名校名师联手教你：如何写好中考作文	9787515356570	49.90
京沪穗江浙名校名师联手授课：如何写好高考作文	9787515356686	49.80
人大附中中考作文取胜之道	9787515345567	39.80
人大附中高考作文取胜之道	9787515320694	33.80
人大附中学生这样学语文：走近经典名著	9787515328959	33.80
四界语文（中国教育报2017年度"教师喜爱的100本书"）	9787515348483	49.00
让小学一年级孩子爱上阅读的40个方法	9787515307589	39.90
让学生爱上数学的48个游戏	9787515326207	26.00
轻松100课教会孩子阅读英文	9787515338781	88.00
情商教育/心理咨询		
9节课，教你读懂孩子：妙解亲子教育、青春期教育、隔代教育难题	9787515351056	39.80
学生版盖洛普优势识别器（独一无二的优势测量工具）	9787515350387	169.00
与孩子好好说话（获"美国国家育儿出版物（NAPPA）金奖"，沟通圣经）	9787515350370	39.80
中小学心理教师的10项修炼	9787515309347	36.00
别和青春期的孩子较劲（增订版）（入选《中国教育报》"2009年影响教师的100本书"）	9787515343075	28.00
100条让孩子胜出的社交规则	9787515327648	28.00
守护孩子安全一定要知道的17个方法	9787515326405	32.00
幼儿园/学前教育		
德国幼儿的自我表达课：不是孩子爱闹情绪，是她/他想说却不会说！	9787515359458	59.00
德国幼儿教育成功的秘密：近距离体验德国学前教育理念与幼儿园日常活动安排	9787515359465	49.80
美国儿童自然拼读启蒙课：至关重要的早期阅读训练系统	9787515351933	49.80
幼儿园30个大主题活动精选：让工作更轻松的整合技巧	9787515339627	39.80
美国幼儿教育活动大百科：3-6岁儿童学习与发展指南用书 科学／艺术／健康与语言／社会	9787515324265等	600.00
蒙台梭利早期教育法：3-6岁儿童发展指南（理论版）	9787515322544	29.80
蒙台梭利儿童教育手册：3-6岁儿童发展指南（实践版）	9787515307664	25.00
自由地学习：华德福的幼儿园教育	9787515328300	29.90
赞美你：奥巴马给女儿的信	9787515303222	19.90
史上最接地气的幼儿书单	9787515329185	39.80
教育主张/教育视野		
终身学习：让学生在未来拥有不可替代的决胜力	9787515360560	49.90
颠覆性思维：为什么我们的阅读方式很重要	9787515360393	39.90

书名	书号	定价
如何教学生阅读与思考：每位教师都需要的阅读训练手册	9787515359472	39.00
"互联网+"时代，如何做一名成长型教师	9787515340302	29.90
培养改变世界的学习者：美国最好的教育给我们的启示	9787515356877	39.90
教出阅读力	9787515352800	39.90
为学生赋能：当学生自己掌控学习时，会发生什么	9787515352848	33.00
如何用设计思维创意教学：风靡全球的创造力培养方法	9787515352367	39.80
如何发现孩子：实践蒙台梭利解放天性的趣味游戏	9787515325750	32.00
如何学习：用更短的时间达到更佳效果和更好成绩	9787515349084	49.00
教师和家长共同培养卓越学生的10个策略	9787515331355	27.00
★ 如何阅读：一个已被证实的低投入高回报的学习方法	9787515346847	39.00
★ 芬兰教育全球第一的秘密（钻石版）（《中国教育报》等主流媒体专题推荐，台湾地区教育类畅销书榜第一名）	9787515359922	59.00
世界最好的教育给父母和教师的45堂必修课（《芬兰教育全球第一的秘密》2）	9787515342696	28.00
★ 杰出青少年的7个习惯（精英版）（中小学图书馆推荐书目、中国青少年必读书目）	9787515342672	39.00
杰出青少年的7个习惯（成长版）	9787515335155	29.00
★ 杰出青少年的6个决定（领袖版）（中小学图书馆推荐书目、中国青少年必读书目、全国优秀出版物奖）	9787515342658	28.00
★ 7个习惯教出优秀学生（第2版）（全球第一畅销书《高效能人士的七个习惯》教师版）	9787515342573	39.90
学习的科学：如何学习得更好更快（入选中国教育网2016年度"影响教师的100本书"）	9787515341767	39.80
杰出青少年构建内心世界的5个坐标（中国青少年成长公开课）	9787515314952	59.00
★ 跳出教育的盒子（第2版）（美国中小学教学经典畅销书）	9787515344676	35.00
夏烈教授给高中生的19场讲座（入选《中国教育报》"2013年最受教师欢迎的100本书"）	9787515318813	29.90
★ 学习之道：美国公认经典学习书	9787515342641	39.00
翻转学习：如何更好地实践翻转课堂与慕课教学（中国教育新闻网2015年度"影响教师的100本书"）	9787515334837	32.00
★ 翻转课堂与慕课教学：一场正在到来的教育变革	9787515328232	26.00
翻转课堂与混合式教学：互联网+时代，教育变革的最佳解决方案	9787515349022	29.80
翻转课堂与深度学习：人工智能时代，以学生为中心的智慧教学	9787515351582	29.80
★ 奇迹学校：震撼美国教育界的教学传奇（中国教育新闻网2015年度"影响教师的100本书"）	9787515327044	36.00
★ 学校是一段旅程：华德福教师1-8年级教学手记	9787515327945	32.00
★ 高效能人士的七个习惯（30周年纪念版）（全球畅销书）	9787515360430	79.00

您可以通过如下途径购买：
1. 书　　店：各地新华书店、教育书店。
2. 网上书店：当当网（www.dangdang.com）、亚马逊中国网（www.amazon.cn）、天猫（zqwts.tmall.com）京东网（www.360buy.com）。
3. 团　　购：各地教育部门、学校、教师培训机构、图书馆团购，可享受特别优惠。
　购书热线：010-65511270 / 65516873

英国"以学生需求为中心"的
课堂管理 / 教学法系列

风靡全球教育界的"五彩书" | 深受200多万教师推崇和追捧

[英] 罗博·普莱文 著

7天建立行之有效的课堂管理系统

7天成功的课堂管理,
让教与学直接"变现"

让学生快速融入课堂的88个趣味游戏

第一分钟抓住注意力,
无聊课堂变"欢乐天堂"

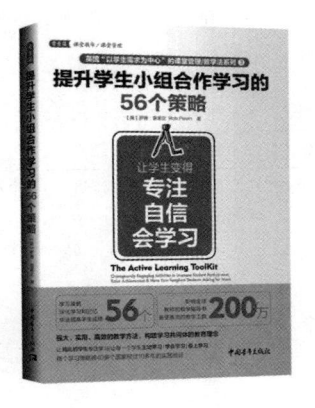

提升学生小组合作学习的56个策略

助力小组合作,
掌握持久、可迁移的理解式学习

快速处理学生行为问题的52个方法

专治"问题学生",
课堂管理"行为工具包"

建立以学习共同体为导向的师生关系

让每1次对话都积极、
互动、有意义,
管理有成效

从备课开始的100个课堂活动设计

从备课开始,
到上课、说课、做课,
做一个魔法教师

北京十一学校联盟总校校长

李希贵郑重推荐

★ 实用、可行的方案和设计思路

★ 成功实现空间转型带来教与学的提升

★ 引爆学习，引爆学校教育

重新设计一所好学校

作者：（美）普拉卡什·奈尔

定价：49.00元

重新设计学习和教学空间

作者：（美）普拉卡什·奈尔、
　　　罗尼·齐默·多克托里、
　　　理查德·埃尔莫尔

定价：49.90元

学校需要重新定义！

世界知名的学校设计大师普拉卡什·奈尔，从丰富、创新的校园设计实例和插图入手，重新思考及重新想象有关学校学习和教学空间——落实教学变现，让学习和学习环境之间的互惠年复一年地迭代。

既适用于新建学校，又适用于翻修改造的学校，
侧重于利用现有的资金改造学习空间和学校建筑。